本书为2019年江苏省高校哲学社会科学研究外语专项课题“混合式学习环境下动态支架理论在大学英语课程中的应用研究”的成果（项目编号为2019SJB990）。

“互联网＋”时代的混合式学习：大学英语课程中的应用及研究

许 敏 编著

江西高校出版社
JIANGXI UNIVERSITIES AND COLLEGES PRESS

图书在版编目(CIP)数据

“互联网+”时代的混合式学习:大学英语课程中的应用及研究/许敏编著.--南昌:江西高校出版社,2021.6
(2022.2 重印)

ISBN 978-7-5762-1485-7

Ⅰ.①互… Ⅱ.①许… Ⅲ.①英语—教学研究—高等学校 Ⅳ.①H319.3

中国版本图书馆 CIP 数据核字(2021)第 111164 号

出版发行	江西高校出版社
社址	江西省南昌市洪都北大道 96 号
总编室电话	(0791)88504319
销售电话	(0791)88522516
网址	www.juacp.com
印刷	天津画中画印刷有限公司
经销	全国新华书店
开本	700mm×1000mm 1/16
印张	10
字数	170 千字
版次	2021 年 6 月第 1 版 2022 年 2 月第 2 次印刷
书号	ISBN 978-7-5762-1485-7
定价	58.00 元

赣版权登字-07-2021-752

目录

Contents

第一章 概 述

2000年可以称为混合式教学元年。混合式教学这个概念最早由Cooney等人在学龄前儿童教育研究中首次提出。在此后十几年里，国外有关它的理论和实证研究得到了迅速发展。在实际教学操作中，混合式教学也被快速推广运用到不同的课程之中。从2000年到2004年短短四年内，美国已经有接近一半的高校向本科生提供混合式学习课程。2016年，美国《校园科技》杂志首次开展"技术辅助教学"调查，发现71%的高校教师在教学中使用在线和面对面混合式教学环境。2017年，美国新媒体《地平线报告》(高等教育版)指出，混合式学习融合了在线学习方式和面对面学习方式的最佳实践经验，并连续四次把它列为未来1~2年内高等教育发展趋势之一。近年来，混合式学习理论也受到国内高等教育领域的充分重视。从2009年以来，相关研究呈明显增长趋势。国内高校教师更新教学理念、开展创新教学、改革教学方法，积极投入新兴教学方式的研究与实践当中。

混合式教学在国内外很多高校中如火如荼地开展。混合式学习到底是什么，有哪些类型？混合式学习的研究经历了哪些阶段？大学英语课程中的混合式学习是怎样开展的？"互联网+"背景下的混合式大学英语教学又有哪些特点和优势？本章主要回答以上几个问题。

1.1 混合式学习的概念及类型

对于混合式学习的概念，国内外学者各自有着不同的定义。相关学者依据混合式学习所涉及的学科和领域进行了不同类型的区分。

1.1.1 混合式学习的概念

美国印第安纳大学的柯蒂斯·J. 邦克教授在2006年出版的《混合学习手册：全球化视野、本地化设计》一书中，将混合式学习界定为面对面教学和计算机辅助在线学习的结合。美国宾州大学的校长认为，混合式学习是在线学习和面对面课堂教学的融合，被广泛地应用于高等教育中，单一的面对面课堂讲授或网上个别化在线学习,都不能达到预期的教学效果。

何克抗教授在《从 Blending Learning 看教育技术理论的新发展》一文中指出,国际教育技术界从混合式学习基本内涵的角度出发,给混合式学习赋予了一种全新的含义:混合式学习即把传统学习方式的优势和 E-Learning(即数字化学习或网络化学习)的优势结合起来。国际教育技术界一致认为,只有使二者的优势相结合,才能达到最佳的学习效果。黄荣怀等在《混合式学习的理论与实践》一书中,将国际上比较典型的混合式学习的定义翻译为:混合式学习的核心是在"合适的"时间为"合适的"人采用"合适的"学习技术和为适应"合适的"学习风格而传递"合适的"技能来优化与学习目标对应的学业成就。

迈克尔·霍恩(Michael B. Horn)和希瑟·斯特克(Heather Staker)访谈了150多位参与互动式学习课程的教育者,将混合式学习的定义概述为三个部分:其一是在线学习;其二是在有教师监督和指导的地点进行;其三是一种综合性的学习体验。其中,第一部分的定义是指在任何一种正式的教育课程里,学生的学习过程至少有一部分内容是通过在线形式来完成的,一定程度上由学生自己自主控制时间、地点、学习路径或进度;第二部分指出学生学习的一部分是在教师的督导下,非家庭所在的实体课堂里进行的;第三部分是指在一门课或者科目中,每个学生学习路径的各种模式互相关联,为学生提供了一个综合性的学习体验。

理解混合式学习的定义,可以从教与学的角度进行。混合式学习使在线学习和传统面对面课堂教学这两种学习方式的优势有机融合,不仅发挥教师在教学过程中的主导作用,也调动学生进行自主学习的积极性和创造性,最终实现教学效果的最优化。

混合式学习是一种线上线下学习环境的融合,实际上是一种学习环境的优化设计,强调的是在线学习环境与课堂教学环境的融合。师生通过结合线上学习优势和实体教学方式优势,打造一个适应知识构建的场域。混合式学习不是单一的事物,而是有不同的风格、表现形式和应用程序,这样能更好地迎合不同学习风格和需求的学习者。"混合"是指有机组合在一起,而不是指把各个组成部分简单地放在一起。混合式学习也可以是一门课程的一个小的在线学习组成单元,比如一门课程每周需要三个小时的学习时间,其中两个小时可以在传统的教室里学习,剩下的一个小时可以通过在线学习进行。最重要的一点是,课程的学习模式和时间分配都是精心设计和安排的,并不是随意划分的。虽然在线学习与传统的教室学习也可能有相互重叠的时候,如课堂上的在线抢答,但是各自的目标和设计在形式上还是有比较大的差异,因此比较容易区分。

1.1.2 混合式学习的类型

1. 广义的分类

从最广泛的意义上来说,混合式学习的概念可以定义为各种技术和媒体与传统的面对面的课堂学习活动整合在一起的学习。混合式学习按照学习形式可分为四种类型:第一种类型为学生利用单一技术或媒体进行在线学习,教师主要利用电子公告板、视频等进行授课;第二种类型为学生利用单一技术或媒体在传统教室进行面对面学习,教师主要利用 E-mail、网络等单一媒体进行授课;第三种类型为学生利用多种技术或媒体在传统教室进行面对面学习,教师使用虚拟现实(VR)、智能导师等媒体进行授课;第四种类型为学生利用多种技术或媒体在传统教室进行在线学习,教师使用播客、MOOC、视频会议(Skype)等进行同步或异步授课。这个概念性界定只可以作为一个大致的指导原则,不能看作绝对的解释。因此,混合式学习在高校的各门课程中都可以进行尝试和开展。

2. 基于不同媒体的混合式学习

近些年支持在线课程的相关技术和产品逐步整合和推广,主要有视频会议(Skype)、博客、YouTube、维基、播客等。这些媒体逐步走进课程,使混合式学习突破技术和硬件设施屏障,给学习者进行混合式学习提供全方位的服务。由于网络技术的普及和不断更新,我们确实很难区分混合式课程的存在形式。一个在线学习平台一般一学期可以接受学习者多门在线学习课程的同时申请,该平台必须满足学习者多门课程 16 周连续性的学习要求,然而学习者要协作完成 16 周连续性的学习必定会有时间重叠的课程。学习者将通过社交软件和课堂小组讨论进行定期沟通。在线学习课程也会定期给学习者安排面对面学习。通过面对面学习,学习者可以互相展示和讨论在线课程学习材料,也可以通过会议讨论小组合作项目。这些在线学习活动和面对面学习活动刚开始时边界比较清晰,但随着频繁应用逐步交叉混合在一起,各自的边界都不再清晰可循。

迈克尔 · 霍恩(Michael B. Horn)在他的书中提到,在当前的研究中,大部分的混合式课程可归类为四种模式:转换模式(rotation)、弹性模式(flex)、菜单模式(alacarte)和增强虚拟模式(enriched virtual)。(迈克尔 · 霍恩,2015)

(1)转换模式

吸引课堂教师的第一种模式就是转换模式。这种模式包含符合下列特点的任何课程或者科目，即让学生——不管是在固定课表里还是教师自主安排的——轮流使用不同的学习方式，其中至少有一个必须是在线学习的模式。常见的模式有就地转换、机房转换、翻转课堂、个体转换等。

(2)弹性模式

弹性模式指在线学习的课程或者科目是学生学习的主体，而且课程里还包含了有时对学生线下活动的指导。除了家庭作业，学生大部分时间在实体校园学习，正式任职教师在场。学生根据各自需要，来上完弹性课程。教师在场可以提供帮助，许多课程中，他们提出课题和发起讨论，以加强学习的效果，尽管在有些课程中教师参与要少一点。

(3)菜单模式

高中阶段最为常见的混合式学习法就是菜单模式。本模式涵盖学生在实体学校上学时所修的任何一门全部在网上教授的课程。菜单模式课程和弹性模式一样，可以有线下元素。两者的关键区别是，在菜单模式里，正式任职的教师是在线讲课的教师；而在弹性模式中，正式任职的教师是面对面的教师。

(4)增强虚拟模式

这种模式是指提供所需的面对面学习时段，同时允许学生在他们喜欢的地方在线完成课程的其余部分的形式。与翻转课堂模式不同，增强虚拟模式的课堂里，学生不会每天都跟教师见面。但它与完全的网课不同，因为它对实体教学的上课体验有一定的要求，这种体验不是可选可不选的教师答疑时间或者社交活动。

3. 计算机辅助和移动设备辅助的混合式学习

混合式学习(blended learning)是现代科技和电子信息化发展的一项产物，是一种教育学习方法和途径，也是一种通过利用电子通信设备(包括“互联网 +”电脑、智能手机等设备)提供的各种混合模式(包括建立“网络学习空间”，使用“网络教学平台”“自主学习平台”“翻转课堂”“慕课”以及“微课”等)实现借助学习平台和网络平台提供学习内容，提高学生学习兴趣和态度，提升学习效果的重要方式。

CALL(computer-assisted language learning)计算机辅助语言学习，早在20世纪90年代被Levy(2000)等人广泛应用到EFL和ESL课堂当中，随着科学技术的发展和教育理念的进步，CALL 早已被全世界教育行业所接受并频繁使用。CALL 是指利用电脑设备、硬件、软件、网络 2.0、因特网和其他与电脑相关的工具来进行语言教学和学习。教师不光在课堂上利用 CALL（例如网络多媒体教室和语言实验室）进行教学，还在课外让学生使用 CALL 来进行自主学习（主要是学生个人电脑、网页和软件学习），使得学生学习能力和成绩大大提高。MALL（mobile-assisted language learning）移动辅助语言学习，成为继 CALL 之后的研究热点，被 Vavoulahe 和 Sharples（2002）等专家在 21 世纪初期应用到全世界教育教学之中。MALL 是指利用与互联网连接的智能手机、平板电脑等便携式移动通信工具，提供教学平台、教学环境和教学手段，来辅助学生提高外语学习的效率和效果。CALL 和 MALL 皆为混合式学习的主要形式，相互关联、相互作用。然而，它们在优势上有一些相似，也有一定的差异。以下几个重要使用条件可以用来对比 CALL 与 MALL 优势上的共同点与差异：1. 屏幕大小；2. 是否方便携带，随时使用；3. 存储空间大小；4. 网络连通性（Wi-Fi、网线、4G 或 5G）；5. 运行系统流畅性（网页、应用程序）；6. 用户数据的输入便捷性；7. 购买设备和网络的花销；8. 耗电量和待机时间。从以上 8 个条件来看，电脑和智能手机普遍都有网络连通性好、系统运行流畅和花销均衡的特点。电脑主要在屏幕大、存储空间大以及数据输入便捷性方面比手机更有优势；手机比起电脑，其优势在于携带的便捷性和更长的待机时间。

随着信息科技的不断发展，MALL 正在以迅雷不及掩耳之势飞速前进，朝着 CALL 的优势改进，甚至在赶超 CALL。例如，各种以英语学习为主要内容的手机 App 应运而生，如有道词典、可可英语、扇贝英语、百词斩、沪江英语。这些 App 提供听、说、读、写、译等专项技能培训，涵盖从小学、初中、高中英语到大学英语四六级、专业四级、专业八级、托福、雅思等不同等级的学习内容。手机的便捷性和优良的网络连通性使得学生们可以运用手机随时随地辅助他们学习，手机应用搭建的学习平台为学生提供不断更新的学习内容，学生们碎片化的时间也得到了充分的利用，这样的便携性和高效性是电脑所不能及的。

1.2 混合式学习研究的发展过程

1.2.1 国外研究

国外对混合式学习的研究总体经过初期(2000—2002 年)、中期(2003—2007 年)和后期(2008 年至今)三个阶段。初期阶段提出混合式学习,但对其未做明确定义,此阶段在线学习和面对面学习虽有关联,但相对独立存在。中期阶段是混合式学习的定义发展期。混合式学习有很多版本的定义,其中,比较流行的是 Garrison 的版本:混合式学习是将课堂面对面学习体验和在线学习体验慎重地融合在一起的学习。美国 Sloan 联盟(在线学习联盟)按照在线学习比例来划分学习类型,指出在线学习比例达到 30% ~79% 的课程被称为混合式学习。而 Graham 不以在线学习时间作为衡量标准,认为只要是在线和面对面指导相结合的学习就是混合式学习。他按照混合的最初目的,将混合式学习分成三类:发生型混合、促进型混合、改变型混合。发生型混合是针对同样的教学内容提供多模态教学媒介,方便学生选择合适的学习方式。促进型混合是用在线学习补充传统教学,但本质上不会改变教学方法。改变型混合中的在线学习和面对面学习会充分融合和相互影响,这会带来教学理念和课程设计的彻底变化,如教学真正向以学生为中心转变。通常对混合式学习的理解都参考 Graham 的版本。第三阶段也就是当下的研究主要聚焦于混合式学习的实证研究,探讨混合式学习的有效性和影响力。这阶段的研究表明混合式学习相对传统教学能带来更大的教学满意度,受到更多师生喜爱。同时,国外还有学者尝试探讨激发学习者自我效能和提升学习能力的混合式教学设计,以及其中能预测和促进学习效果的技术或教学手段。

1.2.2 国内研究

混合式学习在国内的研究虽然开始较晚,但是受到越来越多学者的关注。2003 年,祝智庭和孟琦首次将混合式学习介绍到国内。随后三年里,有关混合式学习的研究不多,基本处于理论研究阶段,实际应用较少。从 2006 年开始,混合式学习研究领域迅速拓宽。尤其是近 10 年里,有关混合式学习的发文量快速增长,涵盖了基于技术平台的混合式学习系统建设与应用研究,基于网络公开资源的混合式学习设计和实践,通过实证研究探讨混合式学习模式的有效性,以及混合式学习设计在某个具体课程中的应用。混合式学习的理论和实践研究,结合国内信息化技术和各种软、硬件产品更新发展,使各种形式的混合式学习在国内各大院校的开展成为可能。

北京师范大学何克抗教授认为,混合式学习是各种学习方式的结合,能够把传统学习方式的优势和数字化或网络化学习的优势结合起来。华南师范大学李克东教授认为混合式学习将面对面教学和在线学习两种教授学习模式有机地整合,强调如何依据低投入、高效能的原则选择信息通道。综合不同国内学者的观点,混合式学习的核心要素包含了在线学习与面授学习,更强调学习的主动性,其目标指向更高效能的学习结果。(黄慧英,2018)

混合式学习的内涵逐步深化,给混合式学习的实践带来创新的可能。在第八届混合式学习国际会议暨教育技术国际研讨会上,以香港城市大学叶豪盛教授为代表的学者把虚拟现实等新技术引入混合式学习领域;来自江苏大学的杨洋则使用了动作捕捉技术和行为模式导航图来测量序列——综合型学习风格;以焦建利为代表的学者总结了混合式学习的系列新策略,其团队就复杂学习任务下协作学习小组的学习效果展开研究;李克东则以扎根理论为基础展开了混合式学习模型的研究;谢幼如研究了面向问题解决的电子书包学习策略;以北京师范大学黄荣怀教授为代表的学者对混合式学习环境下的评估与调研进行了研究;浙江大学李艳带领团队面向浙江大学教师群体进行了开放学习资源使用意愿调查;北京大学郭文革教授则调研了混合式学习环境下视频的应用及学生的使用情况。(孙众,2015)

1.3 大学英语课程中的混合式学习

长期以来,我国大学英语教学走的是类似英语专业的路子,按照英语专业的课程设置和教学模式,把英语当成一门专业来教。这几年,大学英语和专业英语同质化现象日趋严重,造成这一情况既有教学理念问题,也与教师学历结构和教学体制有关。但是大学英语不是专业,它只有满足国家战略需求,培养学生用英语从事专业学习和研究的学术能力,才能在高等教学中找到自己的地位。(蔡基刚,2014)

混合式教学就是一种信息化的教学创新,将传统的面对面课堂教学和在线教学完美结合,并综合了各种教学形式的优势。然而,正如很多学者所指出的,混合式教学并不仅仅是把另一种技术元素添加到现有的教学结构上,而是从根

本上转变了教与学的结构,并告诉我们如何教学。(钟玉琴,2017)

随着社会的发展,计算机网络已经在我国高校普及,计算机已经成为外语教学的一个有机组成部分,也是必备要素之一。"基于计算机和课堂的英语教学模式"(教育部高教司,2007)也应需而出,计算机不再是学生学习英语的辅助设备,成了教师、学生、计算机(技术)和教学内容四要素之一(陈坚林,2011)。早在2000年12月,由美国当代一流的教育专家和教育技术专家起草的《美国教育技术白皮书》就指出:"尽管E-Learning能很好地实现某些教育目标,但是不能代替传统的课堂教学。""E-Learning不会取代学校教育,但是会极大地改变课堂教学的目的和功能。"(何克抗,2004)在线学习虽有利于学生进行自主学习,但由于缺乏教师的深度参与,学习效果未必如预期的那么理想,而传统的课堂教学又存在每堂课的教学容量较少,不能很好地满足不同学生的个性化学习需求的弊端。课堂教学是在线学习的有效补充,可以及时实现师生之间的情感交流,及时解决学生学习中碰到的问题,教师也可以通过课堂教学监控和检验在线学习的质量。将在线学习和课堂教学进行有机结合,开展大学英语混合式学习将是提高大学英语教学质量的必然途径。

混合式学习在大学英语教学中有一定的优势。首先是技术方面,混合式学习利用最新的多媒体互联网技术,线上结合线下,虚拟连接现实,利用网络大数据分析功能帮助学生形成即时反馈,提供有针对性的建议。丰富的英语音频、视频等学习资源,学生通过手机或电脑可以随时获取。这种碎片化的学习模式,为学生学习提供了便利,有助于学生养成好的学习习惯。其次是资源方面,优质的在线英语教学资源,教师录制和提供的微课等英语学习资源库,供学生学习和分享。海量的线上英语教学资源得以有选择性、有针对性地运用到实际教学中,这既可以避免教师重复投入精力,又使学生掌握英语知识更为形象生动而全面。

如何探索"互联网+"模式在混合式学习方面的路径,将学生在课堂上的主体性充分地体现出来,并提高学生学习的积极性和发散性,提升学生学习的效率,不断优化教学模式和学习模式,让学生们借助在线网络平台以及各种手机App,学习到更多传统课堂不能给予的知识,灵活掌握新知识,紧跟新时代新发展将是当下大学英语教师面临的一系列调整和挑战。

1.3.1 大学英语混合式学习模式及应用原则

1. 学习模式

语言学习的重点是听、说、读、写和译等基本技能的训练,同时还包括提升学生跨文化交际的能力。在互联网技术和信息技术的支持下,学生可以通过互联网平台训练和强化语言基本技能,开展生生互动以及师生互动,最后通过课堂(或网络)展示所学。黄荣怀等(2006)认为混合式学习是由课程导入、活动组织、学习支持和教学评价四个关键环节构成。综合国内外混合式学习模式以及信息技术与外语课程整合的模式,常见模式有"自主学习—网络互动—课堂面授"大学英语混合式学习模式。

随着教育信息化的推进,传统的大学英语教学模式受到了挑战,已经不能更好地培养学生英语综合应用能力,而且使教学质量下降,不能适应社会和语言的变化。(陈坚林,2010)通过混合式学习可以将传统面授课堂教学的优势和网络在线学习的优势相结合,改变以往学生对教师过度依赖,对教师"唯命是从"的习惯,引导学生根据自己的具体情况利用互联网开展有目的、有计划的英语学习,实现由以教师为中心的教学模式向以学生为中心的教学模式转变,将学生的英语学习有效地延伸到课堂和教室以外。如此一来,教师只需要在课堂教学时有针对性地对学生学习过程中的学习难点加以启发、引导,对课程的重点加以强化即可,从而转变自身角色,成为学生学习的设计者、观察者、倾听者、引导者、评价者、咨询者和辅导者,而学生在教师的辅助下主动地去建构知识。混合式学习模式的设计是为了便于教师指导和监控学生的英语学习过程,除了混合在线学习和离线学习,还应该混合特定的学习材料和灵活的学习材料,混合自定步调的学习和协作学习,混合结构化学习和非结构化学习,从而有效地提升大学英语教学质量。(黄荣怀,2006)

与此同时,混合式学习模式对教师的素质和能力提出更高的要求,"教师的角色必须在计算机网络教学环境下进行解构和重建"(陈坚林,2011)。教师需要进行系统的教学设计,尤其是学习活动的设计,使学习者参与到体验、互动的建构过程中来,否则网上学习与课堂教学只是简单合并,而非有效整合,网上学习的优势无法得到充分发挥。(黄荣怀等,2007)此外,陈坚林教授(2007)曾指出,目前计算机只是被看作学习的辅助工具,没能与课程完全整合,目前的教材也很难达到大学英语教学改革的要求,需要开发集理论、建构、运用三大板块于一体的新一代教材来解决学生对在线自主学习的排斥情绪,真正实现信息技术与外语课程的有效整合。

2. 应用原则

不管是从理论层面还是实践层面来看,混合式学习模式在提高学生英语学习兴趣和积极主动性方面都有着非常大的优势。既然它是传统学习方式和网络化学习方式的混合,那么如何混合应用及混合的度就成为探究的一个重点。混合式学习模式在大学英语学习中的应用要达到学习效果和经济效益的最大化,需要遵循以下原则:

(1)系统性。混合式学习方式不是传统课堂学习与在线学习的简单混合,而是在两种学习形式中各种学习要素有机融合的基础上,运用各种教学理论,对各种要素进行协调,以全面促进混合式学习模式优势的发挥,从而实现学习效果最大化。

(2)平衡与适度性。混合式学习模式在大学英语学习中的应用要做到平衡与适度,不能为了混合而混合,更不能毫无依据地滥用或误用。对混合式学习的应用要根据现有学习条件或是教学条件及学生学习的实际情况进行调整;在混合过程中不能过多依赖于任何一种学习方式,而要尽量做到传统学习方式和网络学习方式的深度融合。

(3)可操作性。可操作性是交互式英语平台下大学英语混合式学习模式应用需要遵循的一个重要原则,简单而言就是在应用过程中需从学生英语应用水平提升和综合素质发展的角度出发,构建起更为适合大学生学习发展需要且操作性强的混合式学习模式。

1.3.2 “互联网+”背景下的混合式大学英语教学

1.“互联网+外语教学”的特点与优势

“互联网+外语教学”的基本特征就是以语言习得的基本规律为基础,即互联网技术与语言习得理论的集合构成了外语教学的基本特征。众所周知,语言是人类进行交际的工具,是音、形、义结合的词汇、语法体系。而语言的交流与表达形式有听、说、读、写、译。互联网技术通过记录、存储、再现、传递等功能融入外语教学的这几项技能中,使学习者的各项技能都能得到强化和优化,从而提高整个外语学习的效果和效率。因此,互联网技术在外语教学的应用在很大程度上受到外语习得理论的影响,从而找到了该技术与外语教学的最佳契合

点。(黄燕鹍,2018)具体体现在如下几个方面:

(1)教学资源的丰富性;

(2)教学手段的灵活性;

(3)教学模式的多元化;

(4)网络环境的真实性;

(5)学习信息的选择性;

(6)教学管理的便利性;

(7)学习任务的协作性;

(8)学习过程的互动性。

2."互联网+"教育背景下混合式教学的本质属性

混合式教学的本质是将传统课堂教学和在线学习相互融合,以更好地施教。"互联网+"教育背景下混合式教学的本质属性是以课程网络资源共享平台为依托,将多态化的课程资源、多样化的教学传播形式、多样性的人际互动交流活动、多样性的教学媒体技术和多样性的评价方式与课程教学深度融合,以建构"教师主导性—学生主体性"教学模式,营造一种理想的支持"自主探索、合作学习、多重交互、情境创设、资源共享"的教学和学习环境,从而取得最优化的教学效果。

我国在教育改革方面的方针政策出台了很长时间,但是实施的效果却需要进一步提升。教师们在响应国家政策号召的情况下,也在不断地调整自己的教学方法,积极提高自己的教学能力,学习用新兴的手段进行教学。但这与教育体制改革的要求还有较大差距,因此我们应该对教学模式进行更为深入的探讨和完善,从而更好地服务学生。就以往的英语教学而言,教学模式仍然是以单一的老师教学、学生学习的模式为主,这样的模式大多以老师为主,以学生为辅,进行相应的知识灌输。这样的状态导致学生长期处于被动学习的状态,这与新时期课程目标和发展极为不符。混合式学习影响下的线上线下配合教学和学习模式,能够最大限度地调动学生的积极性和探寻性,让学生认识到培养自主学习习惯的重要性,从而进行自我管理和自我学习,让积极主动的学习理念充分贯彻,让学生体验混合式学习的良好效果,使混合式学习的方式充分发挥其有效功用。这不仅能提升课堂学习效率,确保教师和学生的有效交流,还能培养学生们的人际关系,提高学生与他人沟通交流的能力。

第二章　理　　论

2.1　混合式学习的相关理论

混合式学习理论是多种学习理论的融合与升华。混合式学习理论包含建构主义学习理论、认知学习理论、教育技术理论、人本主义学习理论、教育传播理论、反馈理论等。

混合理论是多种理论的一种延续性创新,它的价值在于不断地探索如何在更复杂的环境下提供更优质的解决方案。混合理论让我们可以预见很多产业的未来,如混合动力车。混合式学习的出现让我们对混合理论产生了新的认识。混合式学习以多种学习理论为支持,以在线学习为突破,以培养学生自主学习、探究学习为目的,是一种全新的学习方式和教育理念,它是站在互联网时代的大背景下,积极应对“教”与“学”的巨大变革的产物,是众多学派学习理论的融合与升华,是学习理论发展的必然方向。

2.1.1　建构主义、联通主义和人本主义

混合式学习的核心思想是根据学习者的学习目标和学习要求,采用不同的学习方式进行学习,最大限度地提高学习效率。在教学模式上,教师要采用多种教学手段和信息传递方式重新进行混合式设计,不断优化教学过程,提升教学效果。混合式学习理论是由多种学习理论和媒体传播理论混合组成的,以追求最优化的学习效果为目的,注重学生的学习感受,是学习理论在互联网时代的升华与发展。“互联网 +”时代赋予了混合式学习新的含义,我们也需要用新的学习理论去分析它、解释它。当下较多学者使用建构主义理论、联通主义理论和人本主义对“互联网 +”时代的混合式学习进行解释。

1. 建构主义学习理论

建构主义学习理论认为,知识的获取并不是直接从外界转移到人的大脑,而是学习者将自己已有的知识运用到外部环境,并在相互作用的基础上通过意义建构而获得的。20 世纪 90 年代以后,随着网络与信息技术的逐步普及,建构

主义学习理论越来越受重视。建构主义学习理论认为,知识是动态的,知识不是通过教师的直接传授得到的,而是借助一定的情境,通过意义建构而主动获得的。这与混合式学习所倡导的在学习过程中要充分利用互联网资源,通过在线学习实现自主学习的理念是一致的。

互联网给人类学习带来的影响重大而深远,互联网给人类学习情境带来的变化也越发丰富多彩。互联网时代,知识以多模态的方式呈现在人们面前,人们足不出户就可以浏览人类有史以来的所有文明成果,迅速而便捷地获取知识。在互联网的影响下,学习方式不只局限于一成不变的面对面的课堂讲授,一种全新的网上协作学习模式应运而生。如在 MOOC 的学习中,学习者可以根据自身的情况,反复观看授课视频,自己制订学习计划和进度,或者通过网络教学平台随时随地与学习同伴开展协作学习和讨论,与远在万里的学习者共享学习心得和成果。互联网创造的学习情境,与学习者已有的知识结构、求知欲望融合在一起,构建起对现实世界的全新认识。

混合式学习借助了互联网创造的全新学习情境,学生不再是在教师的统一引导下完成整个学习过程,而是在教师的协助下,通过在线学习和课堂上的面对面授课两个渠道进行学习并获取知识,完成对知识的整个认知过程。混合式学习要求发挥教师的主导作用,利用网上资源培养学生个性化的学习习惯,提倡合作和自主探究的学习,这与建构主义学习理论的内涵是一致的。混合式学习中,学生在教师的帮助下,根据自身经验,通过课堂学习和在线学习的方式,去建构有关知识,而不是记忆和重复教师的思维过程。这与建构主义认为学习者的学习质量取决于自身根据经验去建构的知识,而不取决于记忆和背诵的观点是相同的。建构主义学习理论强调以学生为中心,但并没有否定教师在教学过程中的引导作用。在混合式学习中,教师的指导作用不仅是指对内容的讲解,对学生的启发、引导,还表现在各种学习环境的创设、多种学习资源的提供、多样化学习方式和学习风格的选择、学习评价的组织和实施等方面。所以说,建构主义学习理论是混合式学习的重要理论基础,二者的思想精髓是一脉相承的。

2. 联通主义理论

联通主义理论解释了另一类混合式学习,此类混合式学习更能体现“互联网+”时代学习的特点。联通主义理论认为学习存在于混沌、复杂、动态和碎片化的网络结点当中;学习不再是内化的个体活动,而是存在于大规模的网络化、社会化的交互过程中;学习主要是一个连接建立和网络形成的过程。按照联通主义理论,学习就是在网络中不断寻径和意会的过程。在混合式学习环境中,大规模、网络化、社会化的线上交互可以帮助学习者在混沌、复杂、动态的网络结点中寻找到关键结点,而线下活动则可以促进学习者与关键结点的深层次交互与意会,从而促进学习的发生。

3. 人本主义学习理论

人本主义学习理论的代表人物是美国的马斯洛、罗杰斯等。他们认为,人本性善良,拥有自主决定权和判断能力,在得当的环境下会自主地成长、发展。人本主义理论强调教学要“以学生为中心”,学习者要学会认知自我,发挥个人潜能,而教育者要帮助学生认识到自己的独特个性,发掘其潜能并将之充分发挥。也就是说,教育者所要做的是明确学习目标、制订学习内容,给学生创造良好的教学环境,使学生能在满足愉快的心情下完成教学活动,帮助学生发现学习的价值和意义。大学英语教学也要求教育者创造良好的教育环境,在教学过程中充分发掘学生的潜能,帮助并积极促进学生成长。

混合式学习是线上与线下的混合。对于线下学习如何发生这个问题,国内外已经专门研究了数百年,已形成较为成熟的理论。而线上学习是混合式学习的重要组成,与混合式学习存在一些共通之处。理解在线学习能够帮助我们更好地理解混合式学习。Salmon(2004)认为,网络学习过程分为循序渐进的五个阶段:访问课程和学习动机的激发、在线的社会化交互、信息交流、知识建构、自我发展。显然,Salmon 的五个阶段模型更加适合解释基于建构主义的混合式学习。

建构主义和联通主义理论都强调在社会化交互过程中学生自主的知识建构。不同之处在于,建构主义理论更适合解释混合式学习环境中个性化知识的习得,联通主义更适合解释混合式学习环境下创新性知识的生成。

2.1.2 传播学理论

混合式学习的核心思想是根据不同的问题和要求,采用不同的方式解决问题,在教学上就是要采用不同的媒体与信息传递方式进行学习。这种解决问题的方式要求付出的代价最小,取得的效益最大。这种思想有重要的传播学理论依据。

1. 麦克卢汉(Marshall Mcluhan)的“媒体是人体的延伸”

1964 年,加拿大学者马歇尔·麦克卢汉在《媒介通论:人体的延伸》一书中，论证人类在进入电子时代的同时，对媒体的性质、特点、作用和分类提出了许多新的概念。其中一个重要的观点认为：媒体是人体的延伸。例如，无线电广播、扩音系统相当于耳朵的延伸；摄影机、摄像机，相当于视觉的延伸；电影、电视相当于视觉和听觉的延伸；录像机、录音机的信息存储功能，计算机的逻辑运算功能相当于人脑部分的延伸等。“媒体是人体的延伸”这一观点，给教育带来了多方面的影响：媒体的延伸，扩大和提高了人的感觉和思维能力；媒体的延伸，打破了感官的平衡，可使某一感觉器官凌驾于其他感觉器官之上。各种媒体的延伸方向有所不同，意味着媒体功能具有互补性，因此，任何媒体都有所长，也有所短。媒体之间可以互相补充，但很少能够互相替代，因此，世界上不存在万能的媒体。媒体的延伸，也促使媒体自身向深度、广度发展。媒体之间的互相促进，迫使媒体不断改变形式，使“延伸”更深、更广，以求生存。例如电视由模拟电视向数字化方向发展，网络传输信息由超文本向超媒体、流媒体方向发展，使延伸能力向更深、更广的方向发展。

2. 施兰姆(W. Schramm)的媒体选择定律

美国著名传播学家施兰姆曾提出媒体选择定律，用来解析影响人类选择接触或使用媒体的行为依据。定律可用方程式表达为：

$$预期选择概率=可能得到的报酬/需要付出的代价$$

这里“需要付出的代价”包括制作媒体所需要的费用(设备损耗、材料费用、人员开支等)以及所付出的努力程度(难易程度、花费时间等)，统称为成本。“可能得到的报酬”是指能完成教学目标的程度，即学生通过媒体能获得多少新的知识，是否获得能力培养的效果等。公式表示，需要付出的代价越小，可能得到的报酬越大，则媒体的预期选择的概率就越高。

从媒体选择定律中可以得到启示：媒体的选择和使用，应以提高报酬与代价之间的比值为目标。混合式学习就是期待付出最小的代价，得到最大的报酬。在设计混合式学习方案时可以采取如下途径：(1)教学效能不变，尽量降低成本；(2)保持成本不变，尽量提高效能；(3)尽量降低成本，努力提高效能；(4)成本略有提高，努力提高效能；(5)效能略为下降，大幅度降低成本。

3. 科恩(Badurl Khan)的八角模型

美国学者科恩将混合式学习的要素概括成八边形，该模型主要包括机构(institutional)、教学(pedagogical)、技术(technological)、界面设计(interface design)、评价(evaluation)、管理(management)、资源支持(resource support)和伦理

(ethical)这八个维度,对应混合式学习的计划、发展、传递、管理和评价。八角模型说明为了创设有意义的学习环境,很多因素都发挥着举足轻重的作用,而这些因素之间是相互关联、相互依赖的。八角模型的每个维度下都包括若干子维度,该模型为课程设计者在规划设计电子学习时提供了思路。在八角模型中,科恩指出首先在教学过程中要对学习者本身及其学习目标、学习内容进行分析,随后完善学习环境中硬件和软件设施,为学生在线学习提供方便、快捷、友好的界面设计,提升学生的在线学习体验。同时,在混合式学习中,要关注学习者文化和社会的多样性,为他们提供平等参与学习的机会。八角模型将线上学习和线下管理相结合,既能对课程进行有效管理和评估,又可以在界面设计、资源供给等方面提升学生线上学习的使用感,从而进一步提升混合式教学效果。

2.2 混合式教学相关的理论

混合式教学是一种新的学习范式,它一方面仍然符合教育学的基本原理,一些传统的教学理论仍然适用于混合式教学,如维果茨基的最近发展区理论、支架式教学理论、认知发展理论;另一方面,混合式教学又具备特有的规律和方法,因此也需要特定的理论有针对性地指导混合式教学。

在理解混合式教学时需要引入很多理论,如建构主义理论、认知理论。没有理论基础就很难将研究成果运用到混合式教学环境中。理论对相关研究的作用有很多层次:从研究的概念化到方法论的发展以及研究问题结果的解释。理论的选取关系到能否直接挖掘现象背后的本质问题。(钟玉琴,2017)

2.2.1 首要教学原理

首要教学原理是 Merrill 教授近年来一直潜心研究并广为宣传的一种理论观点,"首要教学原理"可以借助任何教学传递方式或任何教学模式来实施,它试图确定最有利于学习的任何教学产品的若干基本特征。通过对从赫尔巴特开始到现代建构主义教学理论等多种代表性理论的分析,Merrill 归纳了五项首要原理:(1)当学习者介入解决实际问题时,才能够促进学习;(2)当激活已有知识并将它作为新知识的基础时,才能够促进学习;(3)当新知识展示给学习者时,才能够促进学习;(4)当学习者应用新知识时,才能够促进学习;(5)当新知识与学习者的生活世界融为一体时,才能够促进学习。Merrill 坚信,课程学习的效果取决于采纳首要原理的直接比例。所以,根据首要教学原理提出的五星教学标准就是:(1)教学内容是否在联系现实世界的情境中加以呈现;(2)教学中是否努力激活先前的相关知识和经验;(3)教学是不是展示(实际举例)了要学习什么而不是仅仅讲述要学习的内容;(4)学习者是否有机会练习和应用他们理解的知识或技能;(5)教学能不能促进学习者把新的知识和技能应用迁移到日常生活中。Merrill 坚决反对讲述和问答型(T&A)教学,认为它连一星都得不到。同时,他也反对只讲究信息内容而不注重教学设计原理的各种多媒体和远程教学。Merrill 指出,"首要教学原理"虽然还没有经过实证研究,但如果这么多不同的教学设计理论都聚焦于它,那么这一教学原理要么是通过经验提炼出来的,要么是通过已有的研究确认的。

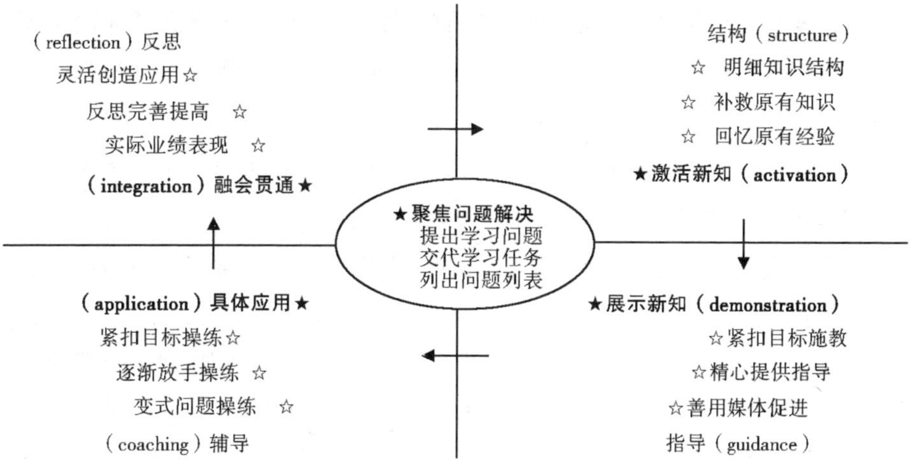

图 2-1　首要教学原理要素结构(陈丽娟,2020)

2.2.2　支架及其相关理论框架

如前所述,混合式教学中教师的核心角色是学习设计者和学习促进者,即通过设计、组织学习活动,引导、促进学生的学习,为学生的学习搭建支架。因此混合式教学的教法学需要为教师提供为学生的混合式学习搭建支架的理论与方法框架,从而指导教师设计混合式学习、促进混合式学习。

支架的概念源自维果茨基的最近发展区理论,也是建构主义理论指导下的主要教学策略之一。按照布鲁纳等人的理解,教学支架是对过程的支持,也是支持的过程;所有协助学习者发展学习能力,帮助其实现最近发展区内发展的支持都是教学支架;这种支持包括教师或其他人所提供的示范、指导、工具、策略等。(Wood,Bruner,&Ross,1976)支架最重要的特征是目的性和临时性,即在需要时提供,在不需要时撤除。因此,混合式教学的教法学需要帮助教师了解以下内容:在混合式教学过程中,需要哪些支架,支持什么,如何支持,何时支持,何时撤除。已有的研究与实践表明,有两个理论框架能够共同回答这五个问题,从而为教师成为有效的混合式学习设计者和学习促进者提供教法学框架。(冯晓英,2019)

1.探究社区模型

加里森等人提出的探究社区模型,在2000年提出时虽主要用于指导在线教学,但已逐步发展、明确为混合式教学的理论框架。该模型不仅明确了混合式学习的关键要素,而且进一步发展了教学临场感、社会临场感和认知临场感的二级维度与支持策略,为混合式教学的设计、实施与评价提供了理论框架。正如加里森等人所指出的,探究社区模型的概念基础足够强大,可以解释混合环境中的有效学习成果,并且为在线学习和混合式学习环境中的复杂性和动态性提供设计原则和指导(Akyol, Garrison, &Ozden, 2009; Vaughan, Cleveland-Innes,&Garrison,2013)。

按照探究社区模型,教师在混合式教学中需要关注教学临场感、社会临场感和认知临场感的创设。其中,社会临场感的创设包括情感表达、开放式沟通和群体凝聚力三个子维度。促进情感表达的策略主要是表现幽默、自我流露;促进开放式沟通的策略包括促进相互理解,认识、认可和尊重每个人的贡献等;群体凝聚力的有效策略是设计能够建立和维持集体情感认同的活动等。教学临场感的创设包括教学管理、建立理解、直接指导三个子维度。教学管理指设置课程、设计教学和评估方法、计划时间、使用媒体等;对于建立理解,可以通过教师吸引潜在学习者的参与、集中讨论、分享观点、承认个人贡献、确定讨论一致和不一致的地方等策略来寻求达成共识和理解;直接指导主要指为会话和教学过程提供建设性、即时性、解释性的评价和反馈,如提供必要内容、提出问题、主动指导、总结讨论。认知临场感的创设包括触发事件、探索、整合、解决四个阶段。触发事件指唤起对问题的认识,引起困惑;探索的过程包括造成分歧、交流信息、提供建议、头脑风暴、得出结论等;整合包括群体汇聚、整合观点、创建解决方案几个过程;解决包括寻找应用情境、测试解决方案、修订解决方案的过程(Garrison,Anderson,&Archer,2000;2001)。

如果把社会临场感、教学临场感、认知临场感这三个要素看作混合式教学过程中教师设计学习、促进学习的过程性目标，那么教师设计学习、促进学习的过程就可以看作教师设计并提供支架以创设三类临场感的过程。显然，探究社区理论回答了前面问题框架中的前三个问题，即需要哪些支架，支持什么，如何支持。后面两个问题——何时提供支架，何时撤除支架，则需要新的理论框架。

2. 混合式教学动态支架模型

探究社区理论为定义、描述及测量混合式教学的要素提供了一个概念框架（Garrison，Anderson，&Archer，2010；Swan&Ice，2010）（见图2－2）。

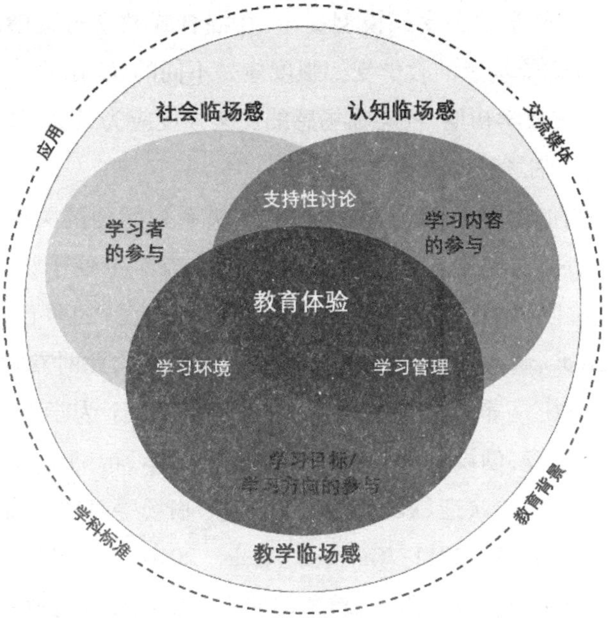

图2－2　探究社区模型（Community of Inquiry Framework）（冯晓英，2019）

然而，教师在设计与支持混合式学习时仍然会存在困惑：在混合式教学过程中，教师是否需要设计并提供针对三类临场感的所有支架？当教师与学生的时间与精力有限时，教师应当如何选择设计与支持的重点？在混合式教学的不同阶段，教师设计与支持的重点是否应有所不同？为此，冯晓英等学者基于混合式教学实践与研究，提出了混合式教学动态支架模型，尝试回答“何时提供支架”“何时撤除支架”的问题，帮助教师解决以上困惑。

混合式教学动态支架模型的提出，基于两个理论假设：

假设一：学习者在混合式学习的不同阶段具有不同的学习特点与需求，因此需要教师设计并提供不同的教学支架支持。

假设二：教学支架不仅具有临时性，还具有动态性，即支架强度不是固定的和一成不变的。

这两个假设都有明确的理论支持。例如,Salmon(2004)的在线学习五阶段模型,按照学习者的交互深度和知识建构层次,将在线学习过程划分为访问课程、社会化交互、参与学习任务、社群化探究、个体知识建构等阶段。尽管Salmon的五阶段理论仅诠释了在线学习的过程,但也为假设提供了依据。关于假设二,国内外已有大量的不同学习环境下教学支架强度的实证研究,均证明了动态强度的支架比固定强度的支架更加有效(Dillenbourg,2002)。基于以上两个理论假设,混合式教学动态支架模型提出:在混合式教学过程中,教学临场感、社会临场感和认知临场感的教学支架强度应是不同的、变化的。

(1)在混合式教学初期,社会临场感的支架强度应为最高,教学临场感的支架强度次之,认知临场感的支架强度最低。

动机是初期阶段学生主动参与学习和解决系列问题的关键要素(Salmon,2003),因此激励是初期阶段的主要教学任务。当学生处于访问课程和社会化交互的初期阶段,学生在适应新的学习环境、适应新的角色时会遇到诸多困难,如技术困难、情感孤独的困难、自主学习的困难,此时获得技术支持、情感支持和社会交往是非常重要的。社会临场感有助于为学习者营造一个友好、活跃的交流环境,创设一个有归属感的虚拟集体,帮助学习者找到学习伙伴,得到同伴和教师的欢迎、鼓励和帮助。教学临场感对社会临场感的创建有显著影响。(Garrison,2011;Garrison,etal.,2010;Joo,Lim,&Kim,2011;Shea&Bidjerano,2009)因此,混合式教学初期应着重创设社会临场感,为学习者创造一个友好、活跃的交流环境,让学习者彼此信任,建立对学习群体的归属感;同时建立教学临场感,让学生了解并信任教师,这些是后续学习有效开展、学习者积极参与的重要基础。

因此,在混合式教学初期,教师应充分利用线下学习的优势,优先设计线下教学活动,通过面对面的破冰、动机激发、小组建设等活动,首先帮助建立同学之间、同学与老师之间的彼此信任、友好的关系,形成较高水平的社会临场感和教学临场感,继而通过在线自我介绍、打招呼、组内分工等线上交互活动,进一步延续和巩固这种良好的关系与归属感。

(2)在混合式教学中期,教学临场感的支架强度应为最高,认知临场感的支架强度次之,社会临场感的支架强度逐渐减弱。

当学生正式进入混合式课程的学习并参与学习任务时,由于混合式教学的组织形式、资源获取方式等都与传统教学不同,学生需要教师提供细致、结构化的引导。当进入课程中期,学生间的会话、交互、协作探究更加紧密和频繁,以促进小组和个人的知识建构。然而,在混合式学习环境中,学生间的有效协作与交互并不会自然发生(Anderson,2008;Guldberg&Pilkington,2007)。在此过程中,教师的设计和组织、引导和促进、及时反馈在探究中的作用至关重要(Barker,2002;Salmon,2003;Denis,Watland,Pirotte,&Verday,2004)。因此,在混合式教学中期,教学临场感的创设对于学习的有效发生尤为重要。同时,教师需要设计并提供认知临场感支架,以支持学生的问题探究与整合。在初期已经建立起较高水平的社会临场感之后,学生之间将自发形成高水平的社会临场感,因而教师可以逐步减弱社会临场感的支架强度,而不会影响班级内整体的社会临场感水平(Feng,Xie,&Liu,2017)。

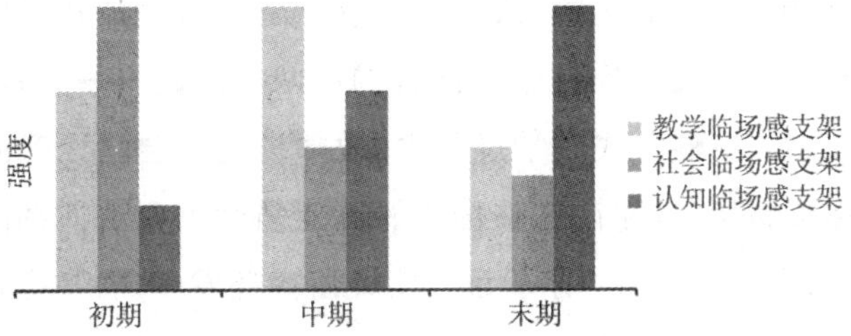

图 2－3　混合式教学动态支架模型(冯晓英,2019)

在混合式教学中,教师可以根据实际需要设计线上与线下学习活动的比例。然而,无论是线上为主还是线下为主,在混合式教学中期,学生都容易出现倦怠感和低落情绪,尤其是线上学习。因此,在混合式教学中期,教师需要根据学生的状态和表现,及时设计和组织线下活动,总结学生前期的学习表现,为学生的困难和问题提供反馈和支持,对学生进行激励。这是混合式教学中期教师建设教学临场感的一个重要环节。

(3)在混合式教学后期,认知临场感的支架强度应最高,教学临场感的支架强度次之,社会临场感的支架强度最低。

在混合式教学初期和中期,学生更多地停留在知识探索和整合阶段;而在混合式教学后期,学生加速进入知识的应用和创新阶段,需要完成自己的知识建构与知识创新。此时,在实践应用或成果验收的驱动下,学生获得和建构知识的欲望最为强烈(Salmon,2003);实践应用、复杂问题的解决、知识的应用与创新对于学生而言也是最困难的,特别需要教师从旁协助。因此,在这个阶段,教师需要为学生提供最高强度的认知临场感支架,特别是支持学生应用所学知识解决复杂问题并进行总结与反思。在此过程中,为了避免过度干预甚至直接灌输,教师要有意识地适当减弱教学临场感的支架强度,特别是“直接指导”的支架强度。

在混合式教学末期,教师可以通过设计个人或小组的反思、总结、作品展示、实际问题解决、组内或组间互评等线上活动,为学生提供最高强度的认知临场感支架,支持学生的自我知识建构和协作知识建构。在此过程中,教师主要提供“促进会话”的教学临场感支架,尽量避免“直接指导”。此外,建议教师设计和组织一次线下活动,针对线上活动中学生的成果和问题,进行评价、反馈和总结,帮助学生进一步提升,完成最后的知识建构。(冯晓英,2019)

总之,混合式教学的动态支架模型回答了在混合式教学的不同阶段,教师如何为社会临场感、教学临场感、认知临场感三个要素设计和提供不同强度的支架,从而解答了探究社区模型未能回答的后两个问题——何时提供支架,何时撤除支架。例如,在混合式教学过程中,教师搭建社会临场感的支架强度需要由高到低、逐步弱化;搭建认知临场感的支架强度需要由低到高、逐步强化。该模型已经通过实证研究得到了验证。实证研究还发现,教师搭建教学临场感的支架强度不仅应在课程中期最强,而且在课程中期最需要强化教学临场感中“促进会话”子维度的支架强度,而在课程末期教师则需要及时撤除教学临场感中“直接指导”子维度的支架(Feng,etal. ,2017)。

第三章　混合式教学模式与教学设计

3.1　混合式教学模式

教学模式一般是指在教学理论的指导下,应用合适的策略将教学要素建立起来的较为稳定的教学活动结构框架和教学活动程序。近年来,混合式学习教学模式成为众多学者关注的热点问题之一。从混合式学习的研究热点、发展趋势等方面进行梳理分析发现,国内外针对混合式学习教学模式的研究,在研究主题、理论框架、研究方法等方面都存在差异。混合式学习教学模式已被广泛应用于学校教育和企业培训领域。2009 年,美国教育部发布的研究报告指出:与传统课堂面授教学和远程在线学习相比,混合式学习教学模式是最有效的教学方式。《新媒体联盟地平线报告:2016 高等教育版》中同样指出:混合式学习和教学模式的广泛应用将是未来几年内极有可能影响高等教育变革的短期趋势之一。

教学模式是一定的教学理论在教学实践中的具体化,是教学理论和实践的桥梁或中介。它有以下特点:1. 操作性,即有具体的教学步骤,可以按步骤实施;2. 复制性,即在结构上相对稳定,在相似的教学条件下可进行复制及推广应用;3. 科学性,即充分考虑具体教学目的(如满足专业学习需求或科研发表需求)和教学条件(如学生英语基础存在差异,教学资源和班级规模不一);4. 层次性,它由教学目标、教学手段、教学评估等不同内在因素构成多层次关系。

一般说来,为达到同一教学目的,我们可采用不同的教学内容和教学法,但只有科学地综合运用各种方法,形成一定的教学模式才能达到预定的教学目标。各科的教学目标和要求是不同的,并没有适用于一切教学任务、教学对象的最佳教学方式,教学方式的"好"与"坏"都是相对于具体的教学任务和教学对象而言的。Reigeluth(1983)认为教学理论有 3 个基本变量:教学条件、教学策略和教学结果。因此可以这么说,教学模式是以某一教学理论为指导,根据特定的教学条件,为达到预期的教学结果,而采用多种教学方法所建立起来的比较稳定的结构形式或教学活动框架。(何克抗,1997)

3.1.1 混合式教学的内涵及特征

教学模式最传统的为讲授式,主要采用感知、记忆、理解、判断组成学习脉络,由教师讲授,将知识传递给学生,达到教学目的。随着传统教学模式中学生积极性和实践性不足等问题不断凸显,课堂教学逐步采用探究式教学模式作为重要补充。而新技术对教学改革的推动是革命性的,基于知识建构、问题解决、方案设计的各类模式都在“互联网＋”背景下不断涌现。混合式教学的关键是对“教与学”的所有要素进行合理筛选和优化组合。混合式教学是为达到“教”与“学”的整合目的,对“教”与“学”的要素进行优化组合,以期获得最佳效果。混合式教学本身是一种教学理念和策略,该策略放置于信息化和网络化的教学大环境中。该理念可以包容各种教学理论、多元的教学方法、多样化的学习目标和学习环境,集各种教学资源于一体,实现师生、生生和人机之间的有效互动。(钟玉琴,2017)

混合式教学并无唯一确定的定义。国内外学者普遍认为其为“线下面授与在线自学”的结合。即“教为主导”和“学为中心”的教学模式的混合,通过在线自主协作学习和面授中重点引导解惑,最大限度地实现教学目标。混合式教学模式的特点主要归纳为以下几个方面:首先,充分利用信息技术,借助云班课、云平台,开发或利用在线课程资源,提供线上学习保障。其次,多种教学方式活用,如翻转课堂的形式,学生作为课堂的主讲者,而教师重点在于引导思考、解答疑惑、鼓励创新,形成开放互动式教学生态。再次,混合式教学能完善教学过程中的评价。线上学习平台的使用,让学生的学习过程都有迹可循,教师可第一时间通过分析和比对数据获取实时的教学反馈。教师从学生角度探究学习规律和知识获取机制,对相关数据进行解释、挖掘,可了解每位学生的学习实况,进一步调整教学计划,促进师生互动,从而提升教学效率。

基于互联网的混合式教学模式不仅是指传统课堂教学与在线学习的结合,还是深层次地实现多种教学模式的融合以及学生主体与教师主导的融合,学、研、创的融合,线上线下的融合以及多种课程形态(如微课、慕课、私播课等)的融合。在慕课平台的支持及泛在的互联网环境和智慧教育的大背景下,混合式教学能更有效地促进学生高效地学习和教师灵活地教学。

3.1.2　混合式教学模型

1. Badurl Khan 的八边形模型

构思如何创建一个有意义的教学模式时需要综合考虑很多要素。Badurl Khan 在 2005 年提出了混合式学习的八边形模型。Khan 提出八大要素，其模型基于两大考虑。首先，Khan 认为很多因素和人力帮助创建有意义的学习环境，而这些因素和人力往往是互相依存的。其次，Khan 坚信，混合式学习是一个过程，而非一次性的活动。Khan 的八边形框架包含了管理模块、技术模块、道德伦理模块、界面模块和评估模块。Khan 的"八边形"指混合式学习中的八大维度，这八大要素指教学、技术、界面设计、评价、管理、资源支持、伦理和机构。

Badurl Khan 的八边形模式要求我们在设计混合式学习课程时，考虑所传授的学习内容、学习需求、学习目标以及在线设计的诸多注意事项（教学维度），选取合适的在线学习工具或平台（技术维度），建立有效、合理地评价学生的混合式学习课程（评价维度），设计能有效管理学习的混合式学习活动（管理维度），保证学生能适时、实时地使用在线资源（包括在线咨询和指导老师）（资源支持维度），考虑混合式学习课程中诸如学习机会均等、文化多元等伦理因素（伦理维度）以及管理层、校方支持等（机构维度）。

维度	说明
机构	关注与电子学习有关的行政事务、学术事务和学生服务问题
管理	学习环境的维护和信息发布
技术	技术针对电子学习环境中的技术设施，包括设施规划、硬件和软件
教学	关注学习和教学，涉及内容分析、受众分析、目标分析、媒体分析、设计方法、组织和电子学习的方法策略
伦理	关注社会和政治的影响、文化差异、偏见、地域差异、学习者个别差异、数字鸿沟、礼节和法律问题
界面设计	指电子学习程序的总体外观印象，包括页面和网站设计、内容涉及、导航、易用性和易获取性（accessibility）测试
资源支持	指为了促进有意义的学习而提供的在线支持和资源
评价	包括对学习者的测评以及对教学和学习环境的评价

（钟玉琴，2017）

图 3－1

2. ADDIE 模型

自20世纪70年代以来,教学设计领域大多采用系统论的方法构建教学设计模型,如 Smith&Ragan 模型、Kemp 模型和 Dick&Carey 模型等。Smith&Ragan 模型注意对学习者内部心理过程进行认知分析,并进一步考虑认知学习理论对教学内容组织的重要影响,该模式较好地实现了行为主义与认知主义的结合,Kemp 模型是一个典型的以"教"为中心的、以行为主义学习理论为指导的模型。Dick&Carey 模型是典型的基于行为主义的教学系统开发模型。这些模型虽然都考虑了学习者的心理认知过程和行为主义的影响因素,但没有综合化考虑教学各要素、各环节之间的系统性,没有避开预见性的教学环节设计。

ADDIE 混合式教学模式将传统的教学全过程分解为教学分析、教学设计、课程开发、教学实施和教学评价五个核心步骤。其特点在于借用图表描述教学过程,将繁杂表述精简化,设计环节可视化,具有教学实施操作性强,评价考核系统性强等优势,可保障教师教学设计和实践的有效开展。

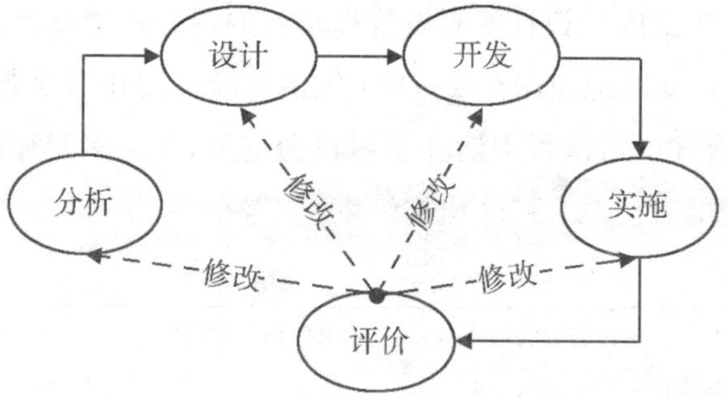

图3-2 ADDIE 教学设计模型示意图(钟玉琴,2017)

3. ASSURE 模型

ASSURE 模型由 Heinich、Molenda、Russell 和 Smaldino 于1999年提出。该模型关注学习者的需求,将课程与媒介、技术等相结合,为课程设计和实施提供教学指导。ASSURE 每个字母代表的意思是:A——分析学习者;S——陈述教学目标;S——选取教学方法、媒介和素材;U——利用教学素材;R——要求学习者参与;E——评价和改进。与其他模式相比,该模式更强调学习者的需求、认知和体验,明确告诉教师做什么和如何做,可操作性更强。

在混合式学习初期,在线课程的学习与面对面教学的兼容问题一直备受争议。因此,很多研究者在教育工作中提出了混合式学习的实际操作准则。Zukowski(2006)特别指出混合式学习过程中的五个关键要素:现场活动、自定步速的学习、合作、评估和学习表现的支撑材料。Painter(2006)罗列了混合式学习的八步曲:(1)确保学习者掌握基本的操作技能,全面理解混合式学习;(2)告知学习者学习目标、具体事项、所学技能中的关键要素,并向其解释它们的价值和意义;(3)为了帮助学习者更好地应用这些技能,向其说明操作步骤、原则、概念和所有过程;(4)对于新学到的技能,为学习者提供操练的机会,强化长期记忆;(5)评价学习者对新技能的运用情况并提供反馈;(6)帮助学习迁移;(7)提供来自同学、老师或专家的默默帮助;(8)让学习者学会合作解决问题。(钟玉琴,2017)

4. 在线临场感的模型

学习技术的变革赋予了在线临场感新的内涵:情感存在与学习存在成为临场感的新型表现形式,中心正在由教育者的教学经验向学习者的学习体验聚集。因此,在 CoI 模型的基础上,以学习者的学习体验为内核,将在线临场感划分为教学临场感(teaching presence)、社会临场感(social presence)、认知临场感(cognition presence)、情感临场感(emotional presence)、学习临场感(learning presence)等构成要素,并利用它们之间的相互作用关系,设计了在线临场感 TS-CEL 模型(图 3-3 所示)。

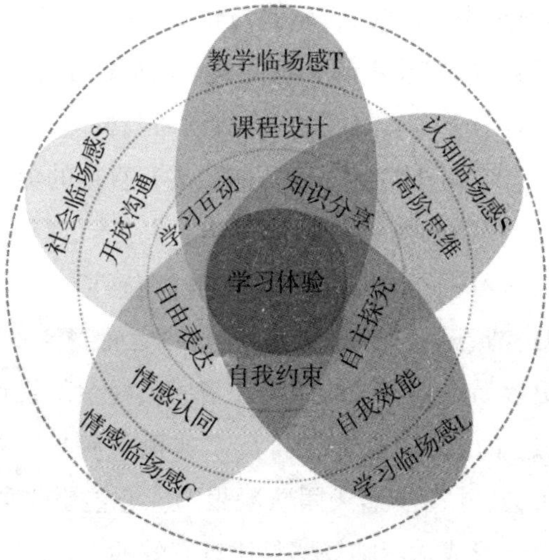

图 3-3　在线临场感模型的构成要素(吴祥恩,2017)

如图 3-3 所示,在线临场感模型根据各构成要素之间的重叠关系,形成了内核区、交叉区和独立区:学习者的学习体验是在线临场感模型的内核区,所有的临场感均以促进学习者学习体验为目的;相邻临场感之间的重叠部分为交叉区,在交叉区中,临场感之间具有比较紧密的逻辑关系,它们彼此之间相互作用;同时每个临场感都有各自的独立区域,在独立区中,临场感发挥自身特有的作用。

(1)教学临场感:教学临场感是指在实现具有个人意义和教育价值的学习成果时,对学习认知和社交过程进行设计、利用与管理。教学临场感作为教育者的临场感,能够帮助学习者共同建构并分享知识。课程设计是教学临场感的基础,合适的课程结构、积极的教学领导力、引导性的话语设计、直接的教学方法对于教学临场感设计起到了促进作用。教学临场感不仅能够促进学习者的认知临场感,还与社会临场感的形成直接相关,这就要求教育者在社会临场感中建立相关的讨论主题,通过"开放沟通"引导学习共同体的形成。在认知临场感中,教育者应聚焦学习者的讨论详情,通过"知识分享"等手段促进学习者高阶思维的形成。

(2)社会临场感:社会临场感是指学习者在友好的支持环境中进行社会化与情感化表达的能力,它能为学习者提供一个用来培育意义协商、协作知识建构以及批判性思维的环境。互动交流是社会临场感的基础,在面对面教学中,学习者会因为害羞等原因不愿表达自己的真实想法,而在社会网络空间中,他们可以自由表达学习过程中的收获、疑问与建议。社会临场感的设计需要为学习者提供尽可能多的同步或异步的交流工具,促进学习者的自由表达,实现教育者与学习者、学习者与学习者之间的"开放沟通";同时社会临场感也强调"情感化表达"的重要性。它对于情感临场感的形成有直接的促进作用。

(3)情感临场感:情感临场感是学习者与学习技术、课程内容、学习者、教育者进行互动交流时,学习者的个体以及个体之间在感觉、情绪、情感等方面的外在表现。情感认同是情感临场感的基础,当学习者置身于一种舒适的、相互信任的环境时,他们更容易得到同伴的认同。情感临场感的设计需要为学习者提供多样化的情感表达手段,如"点赞""打赏""置顶""精华",帮助学习者获得与同伴学习、互动的机会,并逐步形成团队凝聚力。它能够增强学习者对学习行为的自我约束,这对于形成学习临场感是比较有效的。

(4)学习临场感:学习临场感是学习者在认知过程中各种行为的总体表现,它代表学习者的自我效能以及支持自我调节过程中的认知、行为和动机等方面的构成要素。自我调节是学习临场感的基础。在临场感中,学习者和教育者分别扮演着不同的角色,学习者需要对教育者、同伴的行为进行调节。它对学习者的学习规划、监督和策略的使用起到了重要的提示意义，也能够加强学习者认知加工的反应过程，激发学习者在自我约束、自我管理、自我效能方面的努力行为。学习临场感的设计除了要激发学习者自身的努力行为，更需要团队的支持以及同伴榜样的激励。教育者也有责任帮助学习者意识到学习过程中自我调节的价值。它对于认知临场感的形成有直接的促进作用。

(5)认知临场感：认知临场感是学习者通过协作与反思，获得意义建构与理解的程度，它主要由激发事件、协作探索、信息整合、问题解决等阶段组成。认知临场感更接近高阶层面的心理发展过程，高阶思维是认知临场感的基础。认知临场感的设计需要激发学习者在"自我效能"方面的努力行为，促进学习者在知识建构过程中的合作与沉思性的参与。学习者应通过"知识分享"等手段对教学内容进行创新性思考与批判性反思，把新的意义融入现有的知识结构中。

在线临场感模型运用教学、社会、情感、学习、认识等临场感形式，在课堂教学与高阶思维培养之间架起了桥梁。它改变了当前混合式教学中课堂教学与在线教学之间的弱连接状态，实现了两者之间的最佳复合作用。模型的实施需要解决以下问题：一是教师教学过程中课堂教学与在线课程设计之间的闭环问题；二是社会互动过程中学习者的开放交流与情感认同之间的闭环问题；三是认知加工过程中学习者的自我效能与高阶思维训练之间的闭环问题。在线临场感模型的实施路径详情如图 3－4 所示。

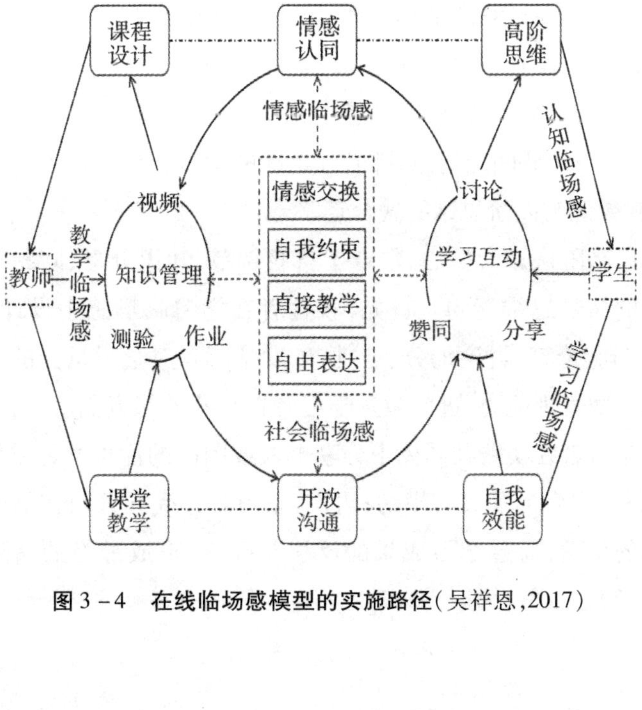

图 3－4　在线临场感模型的实施路径(吴祥恩,2017)

如图3-4所示,在线临场感模型在教育者与学习者之间搭建了三个教学环路,它们不仅形成了各自的教学循环,而且是相关教学环路的重要组成部分。这些环路在实施过程中没有先后之分,也没有主次之别,它们彼此之间呈现的是一种相辅相成、相互作用的逻辑关系。在教学过程中可根据知识类型的不同对教学活动自行调节,实现课堂教学与高阶思维能力培养之间的良性循环。

(1)课堂教学与课程设计的融合环路

该环路以教师教学为核心,将课堂教学、知识管理、课程设计整合在一起,由教育者实施复合式混合式教学。首先,在课堂教学中,教育者通过加强教学临场感,利用课堂教学社会性支持的天然优势减轻学习者在线学习过程中的孤独感;其次,教育者利用学习者的视频、资源、测验等任务点的学习数据,及时掌握了学习者的即时反馈,进一步管理在线课程各项活动的设计;再次,教育者根据学习者的任务完成效果,完善在线课程的设计,在课堂教学中开展新一轮的学习。在线课程是该环路的基石,无论课堂教学还是在线学习,教育者都需要将在线课程作为教学主线。

(2)开放沟通与情感认同的融合环路

该环路以学习体验为核心,将知识学习、开放沟通、学习互动、情感认同整合在一起,通过螺旋上升的环路,促进学习者的混合式学习。首先,学习者在教学临场感中根据教育者的教学任务安排,完成在线课程中的视频、资源、测验等任务;其次,学习者在教育者的引导下,在社会临场感中形成学习共同体,利用开放沟通的环境对课程学习的难点问题进行自由表达,并对教育者和同伴的疑问给予即时反馈;再次,在情感临场感中,学习者和教育者对有效的话语给予有意义的赞同,获得彼此间的情感认同,开始新的学习循环。

(3)自我效能与高阶思维的融合环路

该环路以高阶认知为核心,整合了自我调节、知识分享、问题解决等环节,培养学习者的高阶思维能力。首先,教育者在学习临场感中设计各种教学活动,如电子签到、抢答、讨论加分、点赞,激发学习者对学习行为的自我调节,培养学习者的自我管理能力,进而激发学习者在自我效能方面的努力行为;其次,教育者引导学习者在实践共同体中分享个人或团队的优秀学习成果,通过树立“榜样”,促进学习者的观察与模仿;再次,学习者接受同伴对作品的点评,及时进行有价值的反馈,通过学习成果的反思与改进,形成最终的高阶思维成果。(吴祥恩,2017)

3.1.3　混合式教学模式的优点和缺点

目前,我国的混合式教学虽然取得了一些进展,但还处于起步阶段,大部分课程或者学校的混合式教学改革还处于建设阶段。从文献调研情况来看,教师将更多的精力投入电子教学资源、课程视频、作业题库、测试题库等的建设中,很多学校建立了自己的录播室、智能教室、在线教学平台等。不可否认,这些都是实施混合式教学的基本保障。为了体现混合式教学改革的成效而将越来越多的电子教学资源、信息化教学手段引入教学过程,这些资源和手段相较传统教学方式而言是否确实提升了教学效率、学习效果,是有待探讨的。同时,混合式教学是适合所有类型的课程,还是适合某些类型的课程?混合式教学的教学效果在不同的专业是否有差异?混合式教学是适合所有的学生,还是适合某些特定类型的学生?这一系列问题均反映出混合式教学存在一定的不足之处,有待学者和教师们一起努力探索,深入研究。

1. 混合式教学模式的优势

从教育形式而言,混合式教学打破了传统的单一教师授课模式,但是完全依赖网络学习而没有面对面的教师指导也是不现实的。传统的课堂教学和灵活的在线学习是高度整合而非互相替代的关系。因此,混合式学习的形式融合了两种教学的优势。“课堂教学 + 在线学习”的方式改变了传统的教学形式,给予学生一定的自主学习的空间。

从教学目的而言,大班课堂教学主要内容就是概括、总结和安排。教师帮助学生安排好下一步的学习内容,整理学生前面学习出现的问题和帮助学生用所学知识来解决这些问题。

Osguthorpe 和 Graham 认为混合式学习的好处包括:改进了教学方式;增加了知识的获取渠道;提供了互动的机会;帮助学习者按照自己的节奏来掌控学习进度;便于复习和纠正等。学习者可以不受时间和地点的限制,随时随地地参与到学习环境中并分享记录的知识。(Osguthorpe, R. T. &Graham, C. R., 2003)

狭义的混合式教学,特指“线上” + “线下”,不涉及教学理论和教学方法等,指为学生提供多样化的课程资源,创造个性化的学习条件,培养学生的自主学习能力和合作探究能力,以满足国家对应用型、复合型和多元化人才的需求。

该模式是将线上教学和传统教学的优势结合起来的一种“线上”+“线下”的教学模式。“线上”教学不是整个教学活动的辅助手段,而是必备环节;“线下”教学也不是照搬传统课堂,而是对“线上”所学内容的深化。具体体现在以下几个方面:

(1)打破学习空间的限制。在现代学习生活中,由于节奏加快并且同步性差,学生的背景、基础及需求复杂多样,教学设计和实施始终面临“众口难调”的问题。知识在互联网的世界无所不在,而互联网混合式教学模式打破了学习时空的限制,可以让学生更加高效地利用时间,学习知识,操练技能。

(2)激发学习的互动性、积极性。混合式教学不再是将知识要点写在黑板上,由教师观察学生的面部表情以判断学生学习知识的程度,再根据实际情况调整课程,而是利用先进的教学设备和软件工具的介入,改变传统的课堂教学,学生在课外就可以完成知识的输入,课堂变成了老师与学生之间的教学互动的场所。这种方式不仅可以激发学生的积极主动性,还可以让互动更有针对性。

(3)及时地反馈。混合式教学模式,通过应用性的软件平台,结合线上线下的教学环境,为老师提供全面的教学反馈和学情分析的数据,有利于教师快速、准确地应对学生的求知需求,提高教学效率。

(4)线上学习的优势最大化。线上学习可以解决课程时间短的问题,减轻了教师课堂教学负担。“互联网+”时代造就了一种新的学习模式,为新时代教学提供了一个很好的学习平台,学生可随时随地地学习。由于线上教学资源丰富,使用便捷,更有名师进行专业指导,学习社区和群组能实时交流,教师与学生互动性强,使学生在课余学习时不再感到无助,学习遇到困难时能够及时解决,有助于学生消除学习过程中的孤独感。线上学习还有一个很重要的部分——直播类课程。此类课程依然保留面对面上课的优势,例如学生可以随时发言,不理解的知识可以请教教师,也可以切实回答教师上课提的问题。在直播页面其他窗口会给学生提供讨论区。学生可以在线上各抒己见,展开讨论。每节课程结束后,教师会在网络平台留课后作业,进一步巩固所学知识,会约定课后答疑时间,解决学生提出的问题。

为使同学们对自己的学习有一个整体合理的安排,防止错过直播课程,许多平台客户端都有一个弹出开课提醒的设置,且点播类课程具有回看的功能,可供学生反复学习揣摩,这也是在线教育人性化的体现。在已有的在线教育平台,直播类和点播类的课程很多。相比一些商业教育培训机构来说,这类课程对学生几乎是零收费,最重要的是,弥补了课程时间短,学生课余时间学习单一等缺点,为很多在校大学生提供了良好的机遇,同时也减轻了教师的教学负担,教师有丰富的形式去传达知识要点,有更多的时间答疑解惑,对学生进行高效指导。

2. 混合式教学的不足

混合式教学虽然整合了面对面课堂教学和在线网络教学的优点,许多国内的院校也开始对混合式教学课程的建设进行了积极探索和尝试,很多一线教师也尝试在教学实践中逐步探索,但很多教师仍然没有理解什么是真正意义上的混合课程,由于技术能力的限制,也没有充分地利用现有的网络平台,开展真正意义上的混合式教学并实现其应有的价值。学校的管理和评价机制也没及时跟上,网络环境的支持也需要对设备更新调整。教师在课堂以外付出大量时间,却得不到应有的认可,这导致一部分教师失去继续探索混合式教学的动力。当前混合式教学中存在的主要问题归纳如下:

(1)线上课堂人数过多,线上课堂的效果受到一定的限制,老师需要付出几倍的精力和强而有效的控制能力,才能实现有效的互动交流。

(2)学生专业背景、学习深度不同,混合式教学的一大考验就是如何将课程精华更好地传递给学生,满足学生多层次、多角度的个性化学习需求;如何引导学生深入学习,确保一定的学习效果。

(3)部分学习监管平台的系统影响学生有效地获取课程信息、参与线上活动。在评分环节,学生互评环节参与度不高,主观性太强或者随意打分的情况也时有发生。

(4)由于线上学习由学生课后自主完成,教师无法实时有效地监督,学生少做、漏做甚至不完成的现象比较常见。

(5)部分课程的线上资源受传统课堂的影响,教学模式僵化,学生对课程内容和方式不感兴趣,往往选择刷课而不是真正地上课。

(6)多数在线课程和资源更新频率低,缺乏时效性,导致学风散漫,学生学习兴趣低下。

总之,当下大部分学校想要实施混合式教学模式就不能将传统课堂学习与在线学习简单合并,而要对两种学习形式中的各种学习要素进行有机融合,并运用各种教学理论,协调各个要素,充分发挥混合式学习的优势,实现学习效果的最优化。

3.2 混合式教学设计

3.2.1 理论依据

1. 学习投入理论与原则

高等教育中学习投入理论主要有学生卷入理论、输入—环境—产出模型、学业和社会交互理论、主动投入理论、网络教学法模型、校园—课堂—技术理论。投入理论认为,提高学习者学习投入要强调学生主动参与学习过程的必要性,建议教师把更多的关注点放在如何激发学习者学习动机上。

2. 主动投入理论

学习有三个基本原则:合作学习,运用基于项目的方式学习,运用真实情境学习。教师要设计交互式、有意义和真实性的任务和活动,并重视学生合作学习与以项目为导向的学习。

3. 网络教学法

学习投入模型认为成功的在线学习经验包括:学生必须具备一定的知识基础,被动机驱使,能够主动参与学习活动,有着强烈的学习共同体意识,教师可以通过合理的课程设计和在线辅导提高学生的自信心和学习兴趣,建立支持交互的学习环境以提高学生的学习投入。

4. 校园—课堂—技术理论

促进学生投入,要考虑教师与学生的交互、教师的努力、小组工作、交互式学习、主动和合作学习、学生关注和感兴趣的活动,让学生感受到校园文化和校园活动。

5. 有效教学七项原则

查克林和加姆森于1987年提出的针对本科教育阶段的学习投入原则理论框架,是最早、影响最广的学习投入原则。该原则包括鼓励师生交流,使学生之间和谐合作,鼓励学生积极主动学习,提供即时反馈,强调按时完成任务,促进学生达到较高的期望值,尊重不同才能和学习方法的学生。

6. 探究共同体理论

加拿大学者兰迪·加里森是国际最具影响力的混合式学习研究者之一，他提出的探究共同体理论是在计算机辅助传播环境下确保高等教育教学成功的重要先决要素。加里森认为探究共同体理论是高等教育下混合式学习的核心原则，探究共同体理论基于学习共同体，探究两个高等教育教学要点：学习共同体重视教育的社会性属性以及交互、合作、对话对知识建构的作用；探究反映了通过个人责任和选择的意义建构过程。探究共同体是一个紧密联系和交互的学习者共同体，他们的目的是批判性分析，建构和明确有意义的知识。该理论模型认为学习发生在教学、认知、社会性存在的交互之中，交互是个人经验重构和社会合作的整合，也就是"协作式建构"的过程。该理论强调要得到令人满意的学习成果，需注重主动学习、学习共同体与协作机制。同时，建立混合式教学活动设计策略也要考虑活动设计的要点和教学通用流程。

3.2.2 以活动为中心的混合式教学设计

1. 理论基础

活动理论是研究不同形式的人类活动的哲学和跨学科理论框架，用来研究人类实践发展过程的不同形式，包括个人和社会层面。活动理论根植于18、19世纪康德到黑格尔的德国古典哲学、马克思的辩证唯物主义，以及维果茨基、列昂捷夫等人建立的文化历史心理学，强调思想的历史发展和人类主动建构的角色。与认知心理学类似，活动理论是一个强调真实自然的理论，活动理论在自然的环境中分析人类活动。活动的主体、客体和共同体组成了活动系统的核心要素。活动的主体是参与、投入活动的个体或者群体。活动的客体是主体要影响或者寻求改变的物理或者心智产品。客体是主体行动的对象，它代表了激励活动的意图。共同体是活动主体所在的群体，包括相互依赖的集合，主体是共同体的一个成员。活动理论认为所有的人类活动都要以工具为中介，工具促使主体承载着历史经验变化的过程，在转变过程中被使用。活动的主体和客体之间的关系通过工具调节。工具可以是转变过程中的任何事物，包括物质工具和思想工具。主体和共同体之间的关系被"规则"调节，规则潜在地指导被共同体接受的行动或者活动。规则包括明确的隐形的标准、惯例、共同体中的社会关系。客体和共同体的关系被"劳动分工"调节。

柯蒂斯·邦克提出混合式学习中的面对面教学与在线学习的比例问题:两者怎样进行混合?两者何时使用?如何将两者融合在一起才能取得最好的成效?解决这一系列问题的关键是学习活动的设计。黄荣怀等人在其提出的混合式学习教学设计理论中也指出,活动设计是混合式学习成功开展的关键,能够促进深层学习的实现。比瑟姆将学习活动定义为学习者与他人运用特定的工具和资源,面向特定的学习结果的特定的交互。这些定义强调了学习活动的目标导向性,通过学习任务而实现目标以及与资源和工具的交互。杨开城较早地系统性分析了学习活动的设计,把学习活动定义为学生为达到特定的学习目标而完成的学习任务及其所有操作的总和,提出学习活动设计主要包括活动任务的设计、活动基本流程和步骤的设计、活动监管规则设计以及活动评估规则的设计。因此,教师研究重点围绕活动设计进行分析,将教学看作一系列活动的组合。

以活动为中心的混合式教学设计要依据特定的教学目标运用具体的教学活动程序、方法和形式。混合式教学有其适合的流程,教师需要按照一定的顺序将不同的活动进行设计和组合,使之符合学生的认知规律从而更有利于学生掌握学习内容,取得良好的学习效果。

2. 活动导向的混合式教学的设计

混合式教学是课堂教学和在线教学的混合,要对课程及各教学单元进行教学目标分析,明确单元类型(概念、逻辑、元认知等),根据不同的知识类型做不同的设计。依据课程内容特点,创设有丰富资源的学习环境,其中包含许多不同情境的应用实例和有关的信息资料,激发学习者参与交互式学习的积极性,在交互过程中去完成对问题的理解和对知识的应用。

在教育技术范畴中,教学模式的多样化选择可以较好地实现这一教学理念。不同的教学模式,其蕴含的教育价值取向和学习理论基础不同,在教学功效方面也表现出不同的价值。例如,课堂授受式教学模式能带来较高的学习效率,但在高阶能力的发展和知识创新方面比较欠缺,文献导向的自我学习模式有利于培养学生学习、思考、发现和解决问题的能力,但不利于形成系统化、结构化的知识体系。可以说,整体教学目标的实现,有赖于各种教学模式综合发挥作用。这也是在一门课程中,根据不同的教学内容采取多种教学模式的原因。其思想如图 3-5 所示。

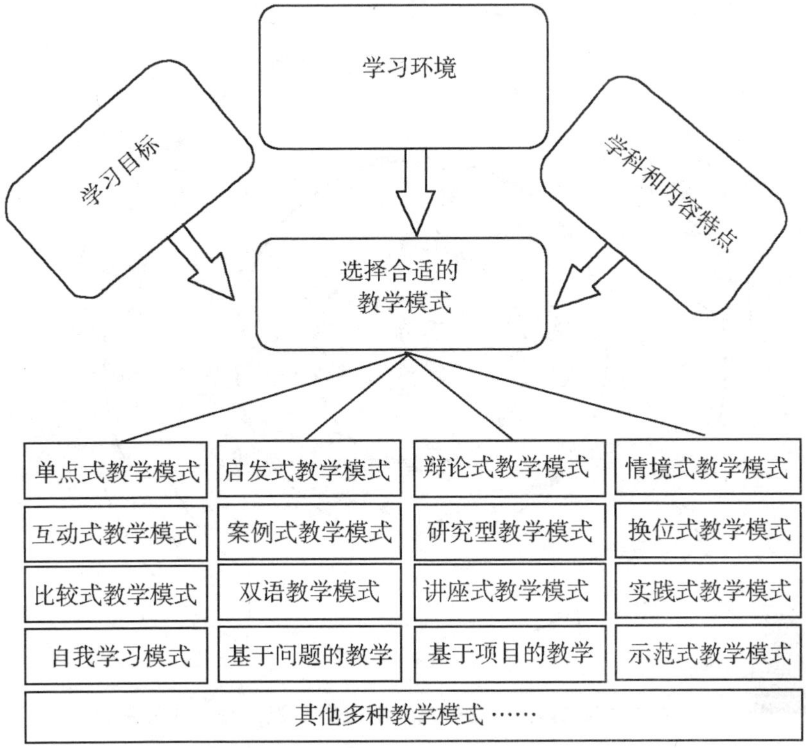

图 3－5　多种教学模式的混合式教学(叶荣荣,2012)

对教学模式的选择与实施来说,应当综合考虑教学目的、培养宗旨、环境条件等因素,关键是理解不同模式的教学指导思想,确立主体性教育观念,重塑师生的相互关系,结合特定的情境来建构多样化的教学模式,实施混合式教学。

值得指出的是,教学是一个开放的、动态的系统。一方面,各种教学模式可以在原有框架内不断地扩展;另一方面,原来的模式也可以随着教学实际需求的变化而改变本来的结构。模式的选择与设计不是死板的、一成不变的,实施的关键在于理解各种教学模式的特征和功能,把握关键环节,对各种教学模式展开深入或横向交叉的研究,促进模式研究与实践的综合化,提高学习效率。

将学习活动的形式和组织结构作为分析教学模式的基本变量,通过序列化学习活动构成一个教学模式。因此,在多种教学模式的混合式教学中,学习活动是教学设计的基本单位,学生是在体验、参与活动的过程中主动地完成对知识的意义建构。针对这一设想,本研究构建了如图 3－6 所示的教学设计模式。

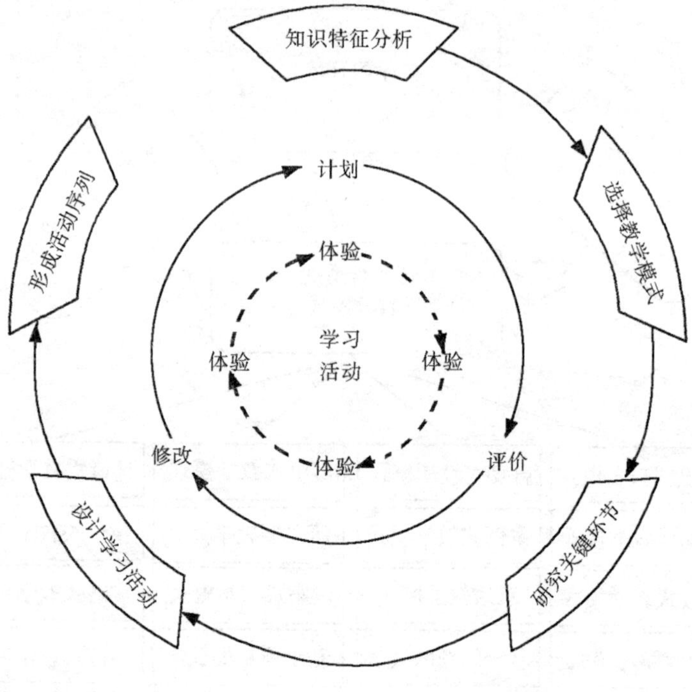

图3-6　活动导向的多种教学模式混合式教学设计模式(叶荣荣,2012)

根据不同的教学目标、教学内容可以采取不同的教学模式。着眼于在单位时间内传授较为系统的结构化知识的,可采用课堂讲授或观看录像的方式,选择传统的课堂教学模式;着眼于培养学生自学能力的,可开展阅读、做批注、做摘要等自主学习活动,选择研究性教学模式;着眼于培养创造性思维能力的,可开展案例分析、参观访问等探究式活动,选择基于问题或者基于项目的教学模式。

在选择特定的教学模式后,教师就需要分析其活动框架和关键环节,并从中选择与映射出一种或几种学习活动,也可以将几种学习活动进行组合,还可以根据实际需求设计新的学习活动形式;既可以为一个或一组教学目标设计多个学习主题,也可以在同一活动主题内部设计多种活动形式,在此基础上丰富活动中的学习内容和任务等,最终形成完整的活动序列,学生通过参与活动序列来完成学习。

根据不同类型的知识与对应活动之间的关系,教师可以参照以下思路进行教学设计:当学习事实性知识时,可充分发挥多媒体技术的优势,呈现生动形象的学习内容,以自主学习为主,辅以一定的解答;当学习概念性知识时,可设计课堂讲授、讨论交流、概念图等活动，并有意识地设置多种提问等交互方式；当学习程序性知识时，重点让学生理解规则，教师可设计参与式学习和协作式学习，如案例分析、问题解决、角色扮演，让学生通过充分的练习掌握学习内容；当学习策略性知识时，重点让学生学会学习，教师作为学习的指导者和组织者应尽量组织学生进行交流沟通，为学生提供对话机会，建议开展撰写日志、讨论交流、学习反思等活动。

为了帮助学生获得丰富的学习体验，顺利地完成学习目标，教师可以设计课上、课下、线上、线下等多种学习形式。混合式教学环境下的典型学习活动可分为自主学习型、人际互动型、问题解决型和协作学习型。（叶荣荣，2012）

3. 以活动为中心的混合式教学设计框架

以促进学习投入为目标的教学设计需要以活动为中心进行混合式设计。依据此框架，混合式教学活动设计分为活动层、资源层和环境层。

活动层设计具体包括活动任务、流程步骤、组织形式、活动监管和活动评价。活动任务指教师和学生在教与学的过程中需要完成的具体事务；流程步骤指完成任务的具体过程；组织形式主要包括个别化学习、集体授课、协作学习等教学组织形式；活动监管是指学习过程中教师对学习者的监督手段和方式；活动评价包括评价的内容和形式。

活动的设计要和资源层的教学资源相结合，不同的活动要运用不同的资源，依据学习内容合理分配面对面教学与在线教学的形式。而在设计具体活动和选择资源时，要从整体学习环境中来理解和分析活动。混合式学习中的学习环境包括传统教室、实验室等面对面环境，以及各种物理设施、网络平台等技术支撑的在线环境。要充分考虑促进学习投入的八个关键原则，并在这些原则的指导下进行具体教学活动设计。

在设计每一活动要素的同时，要考虑教学七要素在混合式教学下的特征。韩锡斌等人曾对教学论的教学七要素，即学生、教师、学习目的、学习内容、学习方法、学习环境、学习反馈，在混合式教学中进行拓展，认为在混合式教学中学生要由被动接受知识变为主动参与学习过程；学习目的为重视数字化时代所需的综合素质的培养；学习内容转变为包含结构化和非结构化的各类知识，以及多种媒体呈现的形式；在学习方法上变为在线和面对面结合的多种模式；学习环境也包含多种传统学习场所和技术支持的线上环境；在学习反馈上可以借助大数据的在线评价，关注过程评价；从教师的角度来看，混合式教学由教师主讲转变为专业化的教学团队统一管理和实践,包括一定比例的在线辅导和及时在线反馈与交流沟通,让学生体验更为丰富和多样化的混合式学习过程。

3.2.3 目标分类法指导下的混合式教学设计

按照布鲁姆的"教育目标分类法",基于混合式学习的教学设计要将调动学生高阶思维活动的深层学习作为主要的教学目标。在教学过程中,教师应协助和指导学生参与教学实践活动,引导学生从解决贴近生活的实际问题出发,和同伴协同合作,采用实际有效的方式来解决问题,实现"做中教,做中学"。

以布鲁姆的"教育目标分类法"为指导思想,利用"互联网+"的技术支持,构建了基于混合式学习的教学设计模型。该教学设计模型将教学过程分为前期分析、总体设计、资源与教学活动设计、教学设计方案的实施和教学设计方案的维护与修改五个阶段。

1. 前期分析。教师对学生的知识背景、学习习惯、学习需求、学习环境和学习工具等进行分析,形成分析报告,并在此基础上确定整体的教学目标和教学任务。

2. 总体设计。教师在前期分析的基础上对课程进行总体的教学设计,首先,根据课程内容划分学习模块,确定各模块的主题和目标,并根据不同的模块内容设计适合学习者的学习活动;其次,选择适当的信息沟通策略;再次,确定单元活动需要的技术支持。总体教学设计要依据建构主义的学习理论,设计适于进行探究学习、情景学习、合作学习的学习活动,力求让学生积极主动地学习。

3. 资源与教学活动设计。丰富多样的教学资源是支持混合式学习的物质基础。教师需要针对不同的学习单元收集、整理、设计和制作适用于不同学习活动的教学资源。资源可以包括文本、图片、动画、视频等多种形式,并充分利用多媒体手段,增添其趣味性与生动性,充分调动学生的学习热情。教学活动设计是整个教学设计的灵魂。按照戴尔的"学习金字塔"理论,教学活动的设计要以可以调动学习者学习积极性的"讨论""实践""教授他人"为核心,活动形式应该适用于网络学习和面对面学习两种场合。

4. 教学设计方案的实施。所有的教学设计最终都要落实到具体的教学实施中去。教师将混合式学习的教学流程划分为课前、课中、课后三个模块,每个模块中按照"教师"和"学生"两个角色进行了任务的划分。课前,教师根据已有的学习资源和可能获得的技术支持,确定每次课程的学习内容以及采用的活动方式,制定学习目标,并在网络教学平台上阐明学习任务,提供学习指南。学生根据教师的要求,利用网络教学平台上的资源进行课前预习,并将预习过程中存在的疑问记录下来,以待后期解决。课中,教师指导学生解决问题,协助学生完成任务,组织学生进行小组讨论和协作学习,为学生创造良好的学习氛围。同时,学生需要解决课前预习时所产生的疑问,与同伴协作完成指定的学习任务,对本次学习的成果进行展示与互评。课后,学生需要对课堂上的学习成果进行系统的整理、总结,并通过线上自测、线上交流、线上答疑、线上作业等方式完成知识的内化与拓展,并在最后对整个学习过程进行评价(包括对教师的评价和对课程的评价)。教师也需要对学生的学习成果进行评价,评价的形式可以采用形成性评价和终结性评价相混合的形式。在混合式学习的教学实施过程中,课前以及课后的学习活动均可以在线上完成,课中的学习活动则主要采用面对面的学习方式。

5. 教学设计方案的维护与修改。教学设计实施以后,教师需要对整个学习过程进行总结,并以总结报告的形式反馈到其他环节,形成闭合的反馈回路,以便及时解决教学设计和实施过程中存在的问题,并对整个教学设计模型进行完善。

3.2.4 基于资源的混合式教学设计

在一个“Blended Learning:What Really Works”的课程中,Matt Donovan 和 Melissa Cartcr 指出,开发混合式学习方案的关键在于确定在适当的时候(right time),使用适当的混合方式(right mix)为适当的学生(right audience)施行教学。运用适当的混合方式需要考虑学习地点的设置、信息传输技术、时间的安排、教学策略和绩效援助策略等。Badurl Khan 提出的混合式 E-Learning 结构(也称 Khan 八边形结构)阐述了混合式学习设计中要考虑的因素。他认为,影响混合式学习的主要因素有教学机构、教学要素、教学技术、学习界面设计、评估、管理、资源支持、伦理。从这八个维度可以看出,影响混合式学习的因素是多元的,因此,在设计混合式学习时需要综合考虑这些因素。这个模式可以指导混合式学习课程的设计、开发、实施、管理和评价。

Josh Bersin 认为混合式学习过程主要包含四个基本环节:①识别与定义混合式学习需求;②根据学习者的特征,制订学习计划和测量策略;③根据实施混合式学习的设施(环境),开发或选择学习内容;④执行计划,跟踪过程并对结果进行测量,该过程是混合式学习的最后阶段,主要是执行学习计划,跟踪学习过程,并对学习结果进行测量,以确定是否达到预期的目的。

分析国外关于混合式学习设计的原则、方法、过程和要考虑的因素,可以看出混合式学习设计的核心是针对特定的教学内容,运用合适的学习和教学方式,利用教学内容传输技术和方法来呈现教学信息。在高校教学中,混合式学习要为学习者创立一种积极、有效的学习环境,而资源属于学习环境的一种,因此混合式教学设计应该关注如何为学习活动(主要指课堂和在线学习活动)提供必要的资源支持。

3.2.5 基于认知分层的混合式教学设计

在完整的英语学习过程中,学生在完成各种任务时,会强化不同阶段的思维技能,促进有效学习的发生。但在目前部分高校的大学英语传统课堂中,教师的大部分教学时间仍然停留在强化学生对语言知识的记忆和理解等浅层活动,未能提供足够的机会培养学生的语言分析、创造等较高层次的认知思维能力。虽然教师们意识到高级思维的重要性,设计了一些环节如"critical thinking"以保证教学内容的完整性,但由于不少学生前期语言积累不够,输入的知识内化不到位,认知水平还不高,因此这些教学活动经常流于形式,效果不佳。"线上+线下课堂"混合式教学模式能够让学生有机会创造性地应用所学内容解决问题,在教学过程中合理开展"分析、评价与创造"等高阶思维活动。

大数据背景下基于在线资源共享的大学英语混合式教学应包括完整的课前、课堂和课后三个部分,以"线上自主学习+线下课堂面授+线上巩固拓展"的形式展开,按照认知水平由低到高地发展的规律,循序渐进地开展相应教学活动。基于认知分层的大学英语混合式教学主要采用语言输入为先,输出展示其后,语言技能培养为目的的模式,以输入能力培养为主的记忆、理解类活动放在课前线上学习阶段,以输出能力培养为主的教学活动,如涉及中高阶思维的应用、分析的"说"和"写"主要以教师线下课堂教学为主,有利于翻转课堂的完成。具体教学设计模式如下:

1. 课前线上自主学习。通过在线学习,识记与理解相关知识,同时完成部分基础的语言应用与创造等任务。教学活动开始前,教师根据教学目标和学生的实际情况补充或调整在线平台上的大学英语课程资源,提前发布本单元导学,按照教学进度依次发布微视频及相关学习资源(包括音频、视频、文章等),列出下次课前需完成的任务清单、个人作业及小组任务,供学生进行课前学习,例如词汇的讲解、背景知识的介绍。学生根据教师发布的任务有针对性地开始在平台上进行线上自主学习,观看音、视频,阅读相关文章,并通过发布的个人作业中的练习自测学习效果,小组协作共同完成小组任务,如访谈、表演、角色扮演。学习过程中或学习结束后,学生可以通过平台的"学习讨论区"发布自己未能理解的疑难问题,与教师或其他学生探讨。教师要注意借助平台监控学生的学习情况,进行在线答疑,辅导小组完成任务,并根据学生的反馈及学习效果对后续的线下课堂教学设计做出相应调整。在线学习的内容与课堂授课内容应相互结合,相互补充,为接下来课堂深度学习中设计更高级别思维的教学活动打好基础。

2. 课堂线下学习。此阶段是教师引导学生对自主学习任务中出现的共性问题进行交流、讨论、协作探究,促进学生的语言知识向语言技能转化的重要环节。学生带着课前输入的语言知识及问题走进课堂,提问讨论,互动交流,在课堂任务的驱使下,对线上提前学习的语言知识进行应用、分析,加深理解本单元内容,展示小组成果。小组任务除了教师点评,还包括学生按照教师提供的评分标准进行自我评价,并评价其他小组任务完成情况。完成评价与创造的高阶思维活动,既锻炼了学生的批评性思维能力,又提供了学生相互学习的机会。线下教学中,教师应及时对自学情况进行检查,对教学内容进行深度剖析,有针对性地补充讲解,查漏补缺,在小组任务中提供语言和策略支持并参与点评,培养学生的语言输出能力。教师在设计教学任务如阅读问题时,既要提供理解性的问题,也要提供需要分析、创造性解决的问题,实现对语言高层次认知技能的转化。在培养学生的高级思维过程中,教师要专业地帮助学生搭好脚手架,提供相应的辅助。课堂活动可以通过小组竞赛、学习汇报、成果展示等多种方式进行。学生可以选择多元化任务展示自己的创造性思维能力。最后通过课堂答疑,教师对学生的课堂表现和学习效果进行反馈和评价,并布置拓展练习,用于下次课前的准备。

3. 课后线上巩固。此阶段再一次回到线上平台。课堂学习结束后,英语学习将继续延伸到课后。教师根据当堂课的课堂要点在平台发布课后拓展练习(如翻译、听写),任务设计应循序渐进,难度适中。学生通过在线练习及讨论,修改小组作品并将其上传到平台,实现语言知识和技能的巩固。教师在平台对学生存在的问题及时解答,帮助学生攻克尚未掌握的知识,提升学习效果,单元结束后及时发布单元测试,检测本单元最终学习情况。另外,学生还可以将自己的学习成果,如写作、口语、音频等进行展示,供小组成员间进行互评,最后对照任务清单,自评任务完成情况,进一步提升评价、创造等高阶思维能力。教师也应进行课后教学反思,总结经验与不足之处,为下一轮教学的优化做准备。

4. 基于认知领域教学目标分类,在混合式教学模式中完善多维动态教学评价。目前大多数高校大学英语课程的总评成绩由平时成绩和期末考试成绩组成。为了学生的平时成绩更为客观,教师可根据认知分层,设计平时成绩的构成方式,围绕认知领域教学目标对学生学习过程进行评价,自主设置不同级别的思维能力在评价中所占的比例,促进形成性评价的发展。学生在线学习情况(观看视频时长、测试分数、讨论区参与次数等)以及学生参与的小组任务互评都可作为平时成绩的重要参考依据。线下考核侧重于学生的语言输出效果,采用线上+线下全过程评价方式,可以解决目前教学评价不够严谨的问题。(白文倩,2011)

3.2.6 “融创式”混合式教学设计

“融创式”混合式教学是在混合式学习内涵、建构主义理论、系统论等的基础上,融合传统课堂线下教育与在线教育的优势而进行的融合设计与创新设计。

1. 设计原则

系统性原则。教学是一个系统化的过程,包括学习者、课程教学团队、学习活动(教学策略及教学评价)、混合式学习资源设计开发等环节,并在反馈中不断加以调整,因此需要从教学模式的指导思想、教学目标、实施程序、运用策略、混合式学习资源设计、评价体系等方面入手,综合设计“融创式”混合式学习教学模式,确保教学模式的科学性、系统性和完整性。

循序渐进性原则。首先将“融创式”混合式学习教学模式在信息技术类专业进行试验和实证研究,总结完善并形成阶段性的研究成果;然后,将改革成果推广到其他专业的教学中。

多元主体开发原则。邀请智慧树、超星尔雅等慕课运营企业的专家组建一支主体多元化的开发团队,从学习者、教学活动设计者、教育管理者、慕课运营商等多维角度进行科学设计与开发。

主动性原则。建构主义学习理论认为,学习过程是主动建构知识的过程。因此,我们设计的混合式学习教学模式要充分体现学习者的主动性,确保学生主动性、创造性和个性化得到较为全面的发展。

2.“融创式”混合式学习模式

“融创式”混合式学习教学模式主要包括三个部分。第一部分是研究对象分析:对当前主流教学模式进行梳理,分析其研究现状、存在的问题及发展趋势;对影响课堂教学效果因素的分析;对授课教师的信息素养、数字化教学能力等内容的分析。第二部分是混合式学习教学模式和教学活动设计:基于“项目驱动、问题导向”的设计思路,从课前导学、课中研学和课后练学三部分进行教学活动设计;同时,对混合式学习教学模式实施的基础及保障、混合式学习资源开发与设计这两个方面进行研究。第三部分是教学模式的实施与评价:利用数据挖掘技术和学习分析技术,从多个维度进行评价,并根据实施效果及时予以反馈,达到优化教学效果的目的。

3.“融创式”混合式学习教学模式设计

课前导学:通过项目描述、任务单引导学生进入课前导学阶段,即引出问题。此阶段的教学活动在 MOOC 等在线平台上进行,由教学设计者根据学生学情和教学内容向学生推送学习视频、项目任务书等。学生根据视频进行浅学,根据任务单的引导进一步深学,使项目问题变得更加清晰,课中研学更具针对性。

课中研学:本阶段主要是对核心知识、核心问题、疑难问题进行多维度的探讨并解决问题。教师根据课前导学环节记录学生学习中碰到的疑难问题,有针对性地进行全面辅导或个性化指导。课中研学以学生为主,以小组为单位开展协作、合作探究学习和项目实战,教师加以适当点拨以辅助学生解决问题,增加学生对知识内化的深度,提高学习效果。

课后练学、拓学:课后练学主要是对知识点进行拓展深化、迁移应用和创新。在课前导学和课中研学阶段结束后,教师布置相应的课后作业与测试,帮助学生巩固提升学习效果。练学主要是对前面所学知识点和技能进一步内化;拓学主要是帮助学生实现知识与技能的迁移应用与创新。同时,混合式学习资源的云端智能评价系统提供实时反馈信息,以便干预和调整学生的学习状态,提高学生的学习效率。(吴玲娟,2015)

3.2.7 多元混合式教学设计

所谓多元混合式教学,是指通过不同的教学理论和教学方法,利用现代化信息技术开展教学活动。多元混合式教学将以往的课堂教学模式和网络承载的教学模式有效结合,有效提高教学质量。从本质上讲,多元混合式教学模式不是一种新兴的教学模式,也不仅仅是单纯地改进教学形式,而是让教师和学生从思维模式上发生转变,从而使学生在学习的各个环节加深对知识的理解。多元混合式教学与其他教学的本质区别是,在学习目标上,更加注重在合适的时机应用有效的学习方法,达到理想的效果。

1. 理论基础

在信息化背景下,多元混合式教学模式理论基础主要体现在人本主义心理学派学习观和现代认知心理学派学习观两个方面。人本主义心理学派学习观真正体现了以学生为中心。该观念认为,教师的任务不仅仅是传授知识,还要充分指导学生,帮助学生创造轻松的学习环境,从而减少学习压力。除此之外,教师还要注意关注学生的学习状况,在学生的表现中及时发现问题,及时对学生进行指导和鼓励,为学生提供良好的环境,帮助学生形成自主学习意识,提高学生的学习主动性。现代认知心理学派学习观体现了建构主义。该观念认为知识的形成要依靠外部环境和内部环境的共同作用。教师在教学过程中不但要传授知识,还要帮助学生构建知识体系,掌握学习方法,从而提高学生的学习能力。由此可见,现代认知心理学派学习观强调外部环境的重要性,充分说明好的学习环境对学生构建知识体系很有帮助。

2. 多元混合式教学模式

以大学英语为例,教学过程中,英语教师经过长期的探索和努力,探索出一些教学方法,例如情景教学法、听说教学法、项目教学法和互动教学法,能在一定程度上帮助学生掌握英语知识,进一步推动英语教学事业的发展。可是随着时代的发展,之前在教学实践过程中使用的教学方式过于单一,难以解决教学中出现的问题,无法从根本上提高大学英语教学水平。除此之外,一些教师对这些教学方法的使用不够科学合理,影响教学方法的有效性,不利于学生更好地掌握英语知识。所以,引入大学英语多元混合式教学模式,需要教师全面地掌握多种教学方法和使用情境,从而在教学过程中根据不同的情况合理地对教学方法进行整合,充分发挥不同教学方法的作用,增强教学效果。具体体现在

以下几个方面:

(1)建立多元混合师生关系

要改变目前的师生关系,在教学活动中必须充分尊重学生学习的主体地位,建立一种符合多元混合式教学模式的师生关系。在信息化背景下,大学英语教师除了要具备过硬的专业能力,还要提高信息技术应用能力,全面掌握网络教学课件制作方法,从而充分利用网络教学资源和形式,更好地为教学工作提供服务。除此之外,大学英语教师在教学内容制订过程中,要加强与学生之间的交流,从而根据学生的实际状况、教学内容和教学规划制订相应的教学方案。

(2)优化英语课程设计

在对英语课程进行设计的过程中,大学英语教师要积极利用网络信息技术和丰富的资源进行教学,有效激发学生的学习兴趣和创新精神,将传统课堂与网络技术结合起来,把传统教学中以教师为主导的课堂教学模式转变为以学生为主体、教师引导的模式。除此之外,大学英语教师还需要增加有针对性的训练,将网络信息技术的优势整合到教学方案的设计中,对教学内容和方法进行动态的调整,为学生提供更加个性化的学习环境。

(3)健全英语评价体系

制定健全的英语评价体系能够有效保障大学英语教学任务顺利完成,提高教学质量。在目前的教学评价体系中,大多数的评价并没有发挥出有效的作用。尤其是在信息化背景下,如果缺少健全的教学评价体系,就难以保障学生利用网络信息平台学习的有效性。因此,可以将各个教学环节串联起来,利用多种评价方式,如形成性评价和终结性评价,对教学过程和教学成果进行评估,从而为后期的教学活动提供相关信息。另外,教师还可以借助网络平台对学生的学习过程进行实时观察,及时掌握学生的学习情况,进行科学有效的评价,这有利于对学生进行有针对性的指导,提高学生的学习效率。社会的不断发展对人才提出了更高的要求,大学英语教育涉及的内容更多,在信息化背景下教学方式更加多样化。混合式教学模式是一种将现代信息技术与传统教学模式有机结合在一起的教学模式,满足科学的教学设计要求,契合不断创新的教学实践,能够达到良好的教学效果,符合当代大学生的发展要求。这种模式已经成为大学英语教学的必然趋势。在信息化背景下,采取有效的方式,对大学英语多元混合式教学模式进行改革,将有助于提高大学英语教学质量和效率,有助于提高学生的英语水平,促进学生的全面发展。

第四章　混合式大学英语课程

“混合式教学”只是一种手段，其最终目的是促使学生朝主动性学习、自主性学习和个性化学习方向发展。大学英语是一门覆盖全校非英语专业的通识基础课，任课教师一直承担着繁重而艰巨的任务。大学英语课程的教学目标包括语言知识、语言技能和人文素质三个方面。它在人才培养中具有不可替代的作用，它在促进大学生知识、能力和综合素质的协调发展方面具有十分重要的意义。院系专业多样，学生起点和基础参差不齐，师资队伍建设水平有待提高，这些都是当前大学英语教学改革遇到的现实问题。互联网技术在教育领域的应用和发展推动大学英语教学改革进入一个新的阶段，学习通、云班课等网络平台的使用日渐增加，与传统课堂配套的一些选修和拓展类课程也加入了在线课程的队伍。但从目前在线课程教师的反馈来看，目前整体效果不尽如人意：大部分学生自主参与学习的积极性不高，很多学生自学能力有限且自控力不够，往往被网络上其他与学习无关的资源分散了注意力，导致在线学习的效果不佳；教师在准备在线课程上花费的时间与精力较原本传统的课堂教学成倍增加，很多教师力不从心。然而，有一个趋势确实不可否认：结合网上课程、平台、相关资源的混合式英语教学是新时代大学英语改革的方向。现阶段有效的混合式教学模式大多是建立在教学法、学习资源、学习环境、学习方式等之上的混合模式。大学英语课程如何进行混合式教学设计呢？如何改革才能建立更为科学有效的大学英语混合式教学模式呢？这些是本章讨论的重点。

4.1　大学英语课程中的混合式教学设计

当前，各大高校的大学英语课程其实是通识课程的一个总称，不同高校有着不同的课程体系和多样的分级教学模式。混合式教学设计的引入将很大程度上再次激发教师教学实践的热情，也为学生带来全新的学习体验，最终达到理想的教学效果。本节将结合大学英语具体课程的混合式教学设计和实践来介绍混合式元素的加入给大学英语带来的改变。

4.1.1　学术英语听力

1. 总体设计

混合式学习自出现以来备受教育界关注，有学者从教学模式的整合出发将其定义为传统课堂学习和计算机或网络辅助学习的整合，也有学者从广义的角度将其定义为为实现教学目标将各种教学方法、模式、策略、媒体和技术进行优化选择和组合的学习。无论怎样定义，混合式学习都不是各种要素的简单组合，而是教育技术与课程内容的有机整合（Launer，2011），学习的过程不能缺少教师的引导和监控。根据以上原则，采用课外教学整合模式，融合技术手段与学科特点，教师建构了“微信＋课堂＋TED-Ed”学术英语听力多模态混合式学习模式（见图4－1）。

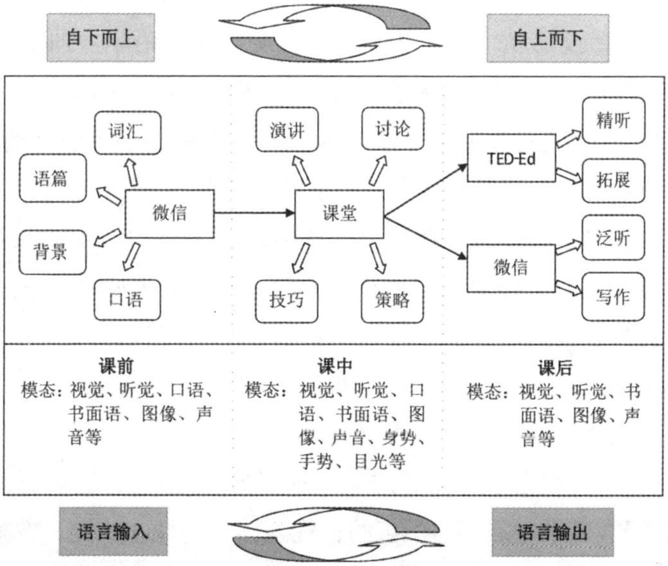

图4－1　“微信＋课堂＋TED-Ed”学术英语听力多模态混合式学习模式（韩颖，2017）

“微信＋课堂＋TED-Ed”学术英语听力多模态混合式学习模式以主题教学为基础，由课前、课中和课后三个部分组成。该设计重点关注以下方面：

（1）围绕学术英语听力技巧以及听力理解过程的三类知识和两个过程，在多种模态的协同和转换下形成语言输入和输出的动态循环。课前学习任务在微信平台上设计，从听力理解过程三类知识的角度促进自下而上和自上而下的听力过程的发展。学习任务包括主题词汇与普通学术词汇学习、讲座语篇知识学习、背景知识学习和主题口语活动。该部分的学习任务和环境为多模态,涉及视觉、听觉、书面语、口语、声音、图像等模态的输入,并通过口语和书面语模态实现语言输出。课中学习任务在面授课中完成,技巧教学针对英语讲座听力的微技巧开展,策略教学侧重于听力认知和元认知策略训练,两者分别从特性和共性方面促进学生学术英语听力的发展。该部分的学习任务和环境为多模态,涉及视觉、听觉、口语、书面语、图像、声音、身势、手势、目光等模态的协同与转换。学生围绕主题的演讲和讨论也与课前学习任务形成模态转换,通过口语模态实现语言输出。课后学习任务在TED-Ed和微信平台上设计,同样基于听力过程和学术英语听力的特点进行设计。TED-Ed平台的学习任务是与主题相关视频的精听练习和拓展学习;微信平台的学习任务是学术英语自主泛听练习和主题写作。该部分的学习任务和环境也是多模态的,涉及视觉、听觉、书面语、图像、声音等模态的协同输入,并通过书面语模态实现语言输出。

(2)充分发挥教师、学生、任务和环境四个影响外语学习的重要因素的作用,通过四者间的有机动态联系,促进学生学术英语听力的知识和技能建构。在现有模式中,学生先在教师的指导下确立学习目标,然后通过课前、课中和课后的多模态学习任务实现学中做和做中学的有机循环,在任务式和合作式学习中主动参与知识的意义建构。在这个过程中,微信和TED-Ed平台为学术英语听力知识和技能的意义建构创设了有利的教育环境和人际环境:一方面,为学术英语听力提供多模态的学习环境和丰富的网络学习资源;另一方面,为学生小组成员间的协作与对话、探索与发现,以及师生间的沟通与反馈提供便利。教师的支架作用贯穿整个学习过程,包括课前和课后学习任务及资源的发布,课前、课中和课后多模态学习任务的组织和引导,课中学术英语听力策略和技巧的讲解,以及各环节中教师与学生的良性互动和个性化指导。教师在这些方面提供的帮助能够有效促进学生形成关于学术英语听力的新认知,保障了以课程知识目标为导向的意义建构学习。

2. 平台设计

微信平台的课前和课后学习任务设计主要利用微信的"私聊""朋友圈""群聊"和"公众号"功能(见图4-2)。微信平台的课前学习任务涵盖学术英语听力的三类知识学习和口语练习,课后学习任务为学术英语自主泛听和写作。

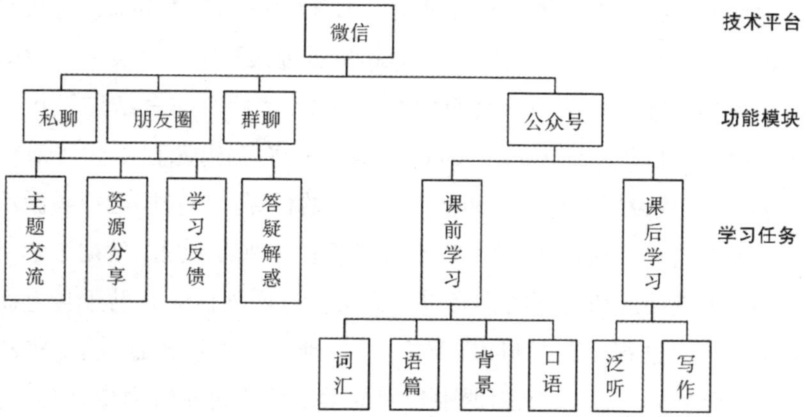

图 4－2　微信平台设计示意图（韩颖，2017）

通过私聊、群聊和朋友圈功能，学生之间和师生间可以开展基于学习内容的主题交流、资源分享、学习反馈和答疑解惑活动。私聊功能为课前、课中和课后的学习互动和反馈提供便利。群聊功能为以小组为基础的主题口语和写作任务提供便利。朋友圈则便于学习资源的分享和学习反思的记录。公众号的主要功能是发布学习任务。学习任务的发布可由教师和学生小组合作完成，发布后全班学生在小组微信群中完成和提交学习任务。学习期间，教师可利用私聊、群聊以及公众号的统计功能对学生的学习进度和效果进行监控，所收集的聊天记录和统计数据亦可作为学习效果评价的依据。

TED-Ed 平台的课后学习任务设计参考了吴玲娟（2015）的研究，利用 TED-Ed 平台自带的课程编辑模块"Let's Begin""Think""Dig Deeper"和"And Finally"进行设计（见图 4－3）。

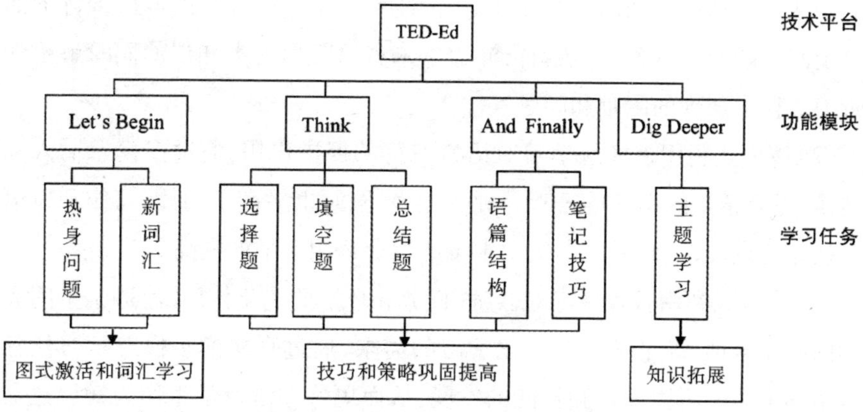

图 4－3　TED-Ed 平台设计示意图（韩颖，2017）

教师首先根据教学主题在TED网站挑选符合主题、长度和难度适中且体裁与学术讲座相近的视频,接着登录TED-Ed主页进入视频选择页面。教师将之前挑选的视频的链接粘贴到该页面的搜索框中,然后在搜索结果里找到该视频,点击视频就可以进入“Create Your Lesson”页面编辑课程了。教师首先在“Let’s Begin”模块设置热身问题和新词汇学习的任务。热身问题能够激活学生与视频相关的图式,帮助他们对视频的内容形成合理的预测。新词汇学习能够使学生熟悉关键词汇和表达的读音以及意义。这两项任务有助于自上而下和自下而上的听力过程。在“Think”模块中,教师设置了选择题、填空题和总结题,目的是帮助学生运用和巩固课中学习的学术英语讲座听力微技巧、笔记技巧和听力策略。在“And Finally”模块中,教师对视频文本的语篇结构进行剖析,详细讲解涉及的笔记方法,帮助学生深入了解视频的结构和提高笔记技巧。在“Dig Deeper”模块中,教师提供一些与主题相关的视频链接和阅读材料,帮助学生进行主题拓展学习。TED-Ed平台学习任务设计完成后,教师将视频的原始链接和课程所在的链接通过微信告知学生,邀请他们观看视频并登录平台完成学习任务。学习期间,教师可以利用平台的“Review Students’ Work”功能对学生的学习进程进行监控。在此期间,学生遇到任何问题,都可以通过微信及时向组员和教师求助。

3. 多模态混合式学习模式优势分析

与传统的学术英语听力学习模式相比,“微信+课堂+TED-Ed”学术英语听力多模态混合式学习模式具有以下优势:

(1)该模式不仅关注学术英语听力技巧的教学,还注重学生听力知识和技能的发展。移动技术和网络技术辅助下的课前、课中和课后学习,将自下而上和自上而下的听力过程有机结合,涵盖学术英语听力三类知识的同时解决学生在听力过程中遇到的困难和问题。

(2)该模式利用多模态学习对语言习得的促进作用,通过多模态输入和模态转换,提高学生的学术英语听力理解能力,同时也平衡了阅读、写作和口语等语言技能的发展,从而促进学生学术英语综合运用水平的提高。

(3)该模式利用教育技术对教师、任务和环境的优化作用,促进学生间和师生间的协作会话,满足学生个性化学习的需求,通过真实的多模态学习任务促进学生学术英语听力知识和技能的发展,从而更好地激发学生作为知识意义主动建构者的能力。

(4)该模式能够有效改善网络听力自主学习的常见问题,如学习任务过多,难以选择,学习任务与课堂教学内容相关度低,学习任务缺乏针对性,从而避免了听力自主学习的盲目性和低效性,使课前和课后的自主学习与课堂教学形成有效统一。此外,移动平台和网络平台的记录、监督与评价功能也有助于教师对学生异步学习的正确引导,实现"碎片化"学习时间的高效利用。(韩颖,2017)

4.1.2　英语演讲

高校英语演讲教学的教学设计重点大致有如下几个:

1. 教学目标

任课教师在设计英语演讲的时候,需要结合学生的语言运用能力和交际能力,为课程和学生制定学习目标,要求学生在特定的场景中去体现自己的演讲能力。在课程目标设计时候,教师要分析学生的思辨能力、学生的文化素质和心理素质等。

2. 教学原则

高校在课程设计方面应当遵循"以人为本"的教学原则,结合混合式教学方式的特点,建议英语演讲课程多采取现代化信息技术,特别是英语远程教学来提高学生的积极性。同时,教师还应当引导学生学习,优化课堂教学方案,让学生都能够实现个性化和自主化学习。在此基础上,教师应明确教学原则。首先,以学生为本的教育指的就是教师在教学过程中应当激发学生的个性,注重其全面综合发展。其次,锻炼学生的自主学习能力,为他们提供一些有效的学习手段和策略,让他们形成适合自己的演讲风格和特色。再次,为学生搭建更多的学习舞台,让他们拥有更多的实践机会。

3. 教学内容

高校英语教学演讲课程的目标是培养学生学习英语的自信心,增强学生的英语交流和会话能力,提高其阅读能力和写作能力。教师在设计课程内容的时候,要注重以下几个方面。首先,准备演讲的课题,包括分析演讲内容,准备课题题材资料,对学生活动进行预设,分析现场可能出现的问题。其次,优化课程内容,教师应当分析学生在演讲时的肢体语言和演讲能力,以做出正确的评价和分析,提高教学质量。再次,启发式教学,建议教师采用不同的演讲教学技巧,为学生讲解英语演讲知识和重点,并为学生做出特色化的示范,以此来帮助学生创新教学环境,完成教学任务。

4. 教学模式

在教学模式上,结合混合式教学特点,教师借助网络平台资源和课堂面授混合的教学方式,发挥平台资源和课堂教学各自的特色,来实现教学目标的创新。

首先,建议教师在网络资源方面为学生提供好的交流平台和环境。教师可以借助微信群、QQ群、学习平台等教学环境,为学生提供形式多样的学习资源和任务,让学生真正在学习过程中感受到混合式设计的乐趣。建议教师借助互联网,在课堂授课之前,向学生发布一些相关的学习材料和素材并设计一些小任务来检测学生是否完成自学任务。其次,在课堂面授方面,建议教师结合互联网教学课堂的特征,针对课堂的核心教学目标,为学生提供更多的实践机会。演讲课程是一门实践操作性强的课程,只有借助大量的练习和展示,才能够提高学生的英语演讲能力。教师在课堂教学设计的时候就要多为学生提供实践和操练的机会,以保证教学质量和效果。

5. 考核评估

高校英语演讲课程是一门综合性的课程,建议教师采取"实践教学+综合评估"的考评模式,让学生和教师成为演讲课程的评分对象,保证教学质量的最优化。同时,分析该项课程的必要性,在选修课程的基础上,教师不应当对学生的英语措辞用句过分深究,应当以引导为重,避免打击学生的自信心和学习积极性,采取公平、公正、公开的教学态度,来完成教学任务和目标。(王芬,2019)

4.1.3 英语口语

1. 理论参照下的英语口语混合式教学设计

英语口语教学必须凸显学习者的主体学习地位。传统的课堂教学存在诸多问题,如有限的课堂学习时间远远不能满足学生的需求,原有的自主学习监管不到位。混合式学习是学习方式的一种改变,采用多种媒体和信息传递方式来解决学生学习口语表达过程中的各种困难和问题。毫无疑问,混合式教学模式非常契合大学英语口语教学的目标。然而,口语教师在进行混合式教学设计时,必然要面临的问题是,如何通过不同媒介和信息传递方式的组合、搭配使混合式教学发挥最大的功效,达到最佳的学习效果。多模态教学理论就可以为我们进行教学设计时提供恰当的理论参考。

多模态理论是指运用听觉、视觉、触觉等多种感觉,通过语言、图像、声音、动作等多种手段和符号资源进行交际的现象。多模态教学模式强调通过多种符号系统习得语言和文化,通过特定情境的创设指导学生使用多种模态进行意义的表达。同时,教师在与学习者的互动过程中若能充分调动并协调使用多模态的话语资源,将会有效地促进学习者对意义的完整建构和多元识读。

要实现课堂教学和线上教学的完美融合,保持教学的完整性,就要为这两种设计建立共同的设计原则和设计标准,并使其符合口语习得的规律和特点。首先,以培养学生的多元交际能力为目标,将整个混合式口语教学过程划分为情景体验、多元习得、思维拓展和实战演练四个模块。在此基础上,根据各个模块的要求进行线上和线下学习活动的多模态设计。在设计过程中秉承三个基本原则:第一,要力图为学生创设一种接近自然的口语交流环境,注重学生对口语交际情景的体验和大量接近真实环境的口语实践;第二,线上和线下的所有设计都要以提高学生的课堂参与度和口语输出频率为目的,同时考虑到学生自主口语训练和个性化学习需求;第三,在设计过程中充分考虑多种教学模态的组合使用,以最小的代价获得最大的收益。

1996 年,由西方一些著名学者组成的新伦敦小组(The New London Group)第一次提出了“多元识读”(multiliteracies)的概念。他们认为在科学技术迅猛发展的新媒体时代,这一概念的提出有两个重要原因:“一是科学技术的迅猛发展使得人们的通信方式和交流渠道呈现多样化趋势;二是社会文化相互渗透,日益突出了文化和语言的多样性。”多元识读理论主要由三方面的内容架构而成。一是多元识读能力的界定,二是设计理念以及设计过程包含的三种元素和六个方面,三是多元识读教学的四个步骤。

新伦敦小组认为,教师首先是学习过程和学习环境的设计者,教师的首要任务是不断探索不同的教学方法和课堂设计如何激发和达成不同类型的习得。在口语混合式教学中,为了实现学生口语交际能力的有效习得,教师需要合理安排口语教学步骤,精心选择教学资源,科学地使用不同的教学方法,创造性地设计教学活动,以构建多模态情景化的在线学习平台和口语课堂。在构建多模态英语课堂时,对模态的选择及整合应充分考虑其是否能为教学提供尽可能真实的交际情景和便利条件;是否能为课堂教学提供有益的辅助;是否能为多模态交际提供多种话语意义表达方式。在混合式教学模式下,教师作为设计者的角色显得更为突出。首先,在线学习和课堂学习相混合的教学模式中所涉及的教学模态更为丰富多样,教师对模态的选择、调用、组合、协调能力直接决定着混合式学习的效果;其次,线上教学是否能够与课堂学习有机整合,学生线上任务的完成是否能够有效促进课堂的口语输出并形成互利的良性循环,取决于教师对线上线下任务设计的整体把握;再次,混合式教学为学生的口语习得提供了多样化的自主训练模式和多模态的互动模式。教师通过有效的教学设计充分利用在线平台和网络资源,为学生创设立体多元的交际环境,充分激发他们的口语输出,这是混合式教学达到最佳效果的决定性因素。

新伦敦小组将设计分解为可用设计、设计过程和再设计。英语口语教学中的可用设计主要包括基本语言知识,与语言交流密切相关的符号资源,语言交流中使用的交际策略,教师自身的语言资源、教学经验、个人风格、设计理念以及学生的语言基础、学习能力、自我意识、情感文化背景和社会生活经验等。口语混合式教学的设计过程是教师作为主要的设计者充分发掘和利用以上提到的几类可用设计资源,将各种教学模态进行搭配组合,通过线上和线下不同教学环节和教学任务的设计,使学生实现高效、高质量的口语输出的过程。再设计指的是教师通过实施课堂和网络教学获得各种形式的反馈,包括学生的口语输出频率、口语输出质量、口语任务完成中的难点和问题、学生的测试结果、作业提交、交际策略的使用情况、教学模态的协同使用效果等。这些反馈结果通过教师的教学评价、教学反思和教学记录转化为下一次教学设计的可用资源,使得教师在教学实践中能够不断调整和完善教学策略和设计方案,从而使整个教学过程得以良性循环。(崔卫,2018)

2. 口语混合式教学模式中的能力培养

口语教学过程划分为四个环节,即情景体验、多元习得、思维拓展和自动化输出,分别对应多元识读教学模型中的实地操练、明确指导、批评性构架和转变性操练。口语教师如何在这四个环节的教学中贯彻多元识读教学理念,达到培养学生多元识读能力的目的,也是口语实践教学中需要关注的重要方面。

(1)情景体验——对多种意义符号的吸收能力

情景体验环节在线下教学中体现为话题导入,在线上教学中主要通过视听资源来实现。在这一环节中,教师需要通过多种模态资源的搭配组合为学生创设良好的口语交流环境,并使学生对即将进行口语输出的话题获得真实的体验。在这一环节的实践教学中,教师一方面要在教学设计中充分考虑学生已有的经验和情感需求,另一方面要引导学生积极调动自我认知、个人情感和已有的知识经验,鼓励学生从自身出发,对目标话题中出现的各种意义符号进行个性化分析解读,完成对目标情景的个性化体验。

(2)多元习得——对多种意义符号的转化能力

在这一环节中,学生主要通过网络平台的在线测试和线下课堂中教师的示范演示,获得对目标场景的语言知识和交际策略的习得。学生在完成在线测试和观察教师课堂示范的基础上,对重点词汇、句型、交际策略进行反复操练,并将其转化为自身语言输出的储备资源。这一环节重点培养的是学生对多种意义符号的转化能力。学生首先在课前通过完成在线测试获得重点语言信息,并进行自主学习。课堂上教师多模态示范的过程也是通过多种意义符号进行意义传达的过程。学生对相应的场景词汇、句型和交际策略进行模仿和操练,并将这些知识和技巧内化为自身的语言能力。

(3)思维拓展——批判性思维能力

思维拓展环节是以往的口语教学中最容易被忽视的环节,主要是因为传统教学理念将口语能力等同为单纯的语言知识水平。事实上,口语能力的提高和学生对目标场景下交际文化信息的批判性思维能力是密不可分的。在思维拓展环节,教师通过问题的巧妙设计引导学生进行线上和线下的互动讨论,并鼓励学生参与问题设计,对话题内容进行正反思考,对某一观点进行多角度论证,充分调动学生现有的知识和经验,在加大语言输出的同时增强他们的批判性思维能力。这样的训练使口语训练从语言的简单重复和模仿上升为对语言文化信息的创造性应用,大大提高了学生的多维度语言技能。

(4)自动化输出——利用多模态资源与他人交流的能力

自动化输出环节是口语习得中最重要的一个环节,目的是使学生将前面几个教学环节中获得的语言知识和交际策略应用于特定的交际情景任务中,完成多模态情景化的口语输出,从而使口语交际技能得以内化。在多元识读教学模型中,自动化输出环节主要通过线上口语任务的发布和线下情景任务的展示得以实现。教师在这一环节的设计中需要尽可能地为学生提供多模态交际资源,创建接近真实的交际情景,使学生能够沉浸其中,以自然的状态与同伴进行交流,从而达到提升交际技能的目的。在实践教学中,教师通过网络教学平台发布情景任务,借助多种教学模态为学生提供可参考的资源,并为学生课下的自主口语训练提供全面的指导。情景任务最终需要在口语课堂上进行展示,以呈现学生自主学习的效果,并由教师根据学生的表现进行评价、纠正和反馈。

3. 混合式教学设计对大学英语口语课程的建设性意义

(1)科学合理设置大学英语课程

大学英语四、六级推行口语测试之后,大学英语课程开始注重听说能力的培养。未来大学将倡导单独设置口语课,让学生享受有针对性的口语教学和充分的表述练习时间,为学生提供充足的平台资源,利用平台的功能,引导学生课下自主学习。

(2)建设混合式学习的大学英语口语教学平台课程

大学英语口语依据先进的教学理念,借助现代化的网络平台,建设口语网络平台和评测系统,利用网络的灵活互动特性和网络平台的丰富英语语料资源,为学生提供多元和真实的语言学习环境。

(3)全面优化大学英语口语测试和评价反馈系统

借助网络教学与测试平台,参照国际语言测试的网考模式,将考官考生面试模式与网考模式相结合,利用数字网络平台的听说训练和测试系统进行随堂测试、阶段性测试、形成性测试,并及时评点,及时反馈,开展分类型、分阶段的多位口语评测,综合判断学生的真实语言应用水平,构建更为科学的英语口语教学与反馈系统。

(4)有机结合教学评测与教学研究

利用网络测试和平台测试体系为教师备课、授课和科研工作服务。利用平台测试结果可以方便教师有目的地选取下一阶段的教学材料,为科研提供一手资料,更有效地构建教学团队,更好地服务广大学生。(由元,2018)

4.1.4 基础英语听说

“基础英语听说”课程通过融合线上“生活英语听说”MOOC 与线下课堂教学,帮助学生制订个性化、自主化的学习方案,其混合式教学模式如图 4-4 所示。该课程采取形成性评估与终结性评估相结合的方式,线上与线下分数各占50%。课程评估包括:出勤(10%),课堂活动与平时练习(20%),书评和展示(20%)以及 MOOC(50%)。

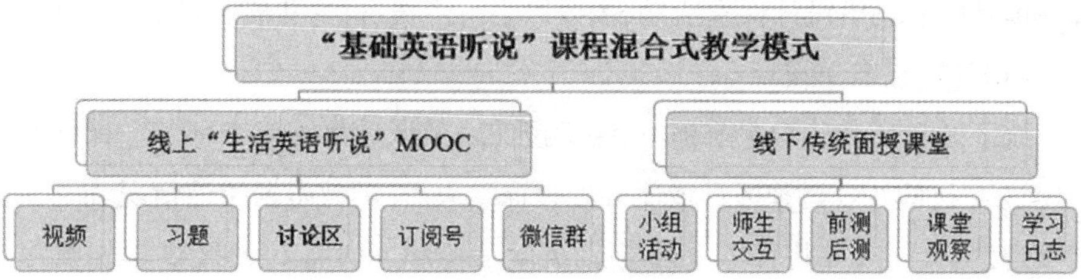

图 4-4　"基础英语听说"课程混合式教学模式(张欢瑞,2018)

以 MOOC 为代表的信息化教育是混合式教学的首要选择。基于 MOOC 改善学习效果、促进教育教学改革是高校发展 MOOC 的主要目标。"生活英语听说"MOOC 围绕日常交际话题展开多个场景,由不同文化背景、不同年龄的中外演员共同演绎,在真实的话语情境中培养学生的跨文化意识,提高其跨文化交际能力。学生可自主安排学习时间与进度,教师则由授课者变为引导者,从而满足学生的个性化学习需求。

1. 线上学习环节设计

"生活英语听说"MOOC 以生活英语为切入点,选取了 8 个主题创设多个交际场景。每个主题都以中外师生对话、小组讨论等形式进行,包含词汇、句型讲解、听力练习和口语测试。课程评估包括:50% 的课后小测、20% 的课后练习、30% 的期末考试。

课程界面主要包括课件、讨论区、进度、英语学习网站、微信订阅号、课程日历以及"生活英语听说"教材等,课件包含所有的视频和习题。每单元视频时长约 1 小时,分为 8 ~ 9 部分,每部分 6 ~ 7 分钟。习题分为听力理解与综合练习。讨论区是学生的互动讨论社区,由教师和助教负责答疑与引导。进度实时同步学生的学习情况,英语学习网站和微信订阅号补充共享英语学习资料。课程日历提供开课时间、课程内容以及作业提交日期等说明。"生活英语听说"教材是为基于 MOOC 的混合式教学模式量身打造的教材,助力有效学习。

2. 线下教学环节设计

线上与线下存在脱节现象,因此有效的教学设计尤为重要,是提升学生参与度和自主性的前提条件。MOOC 促进了优质教育资源的普及与共享,但师生互动的缺乏直接影响了学生的深度学习。因此,融合线上 MOOC 与线下传统课堂优势的混合式教学模式是优化教学效果的必然选择。"基础英语听说"课程的线下环节基于 MOOC 开展——结合 MOOC 的内容、主题与讨论区的反馈。教师在助教的协助下设计课堂活动,主要以小组协作、讨论和展示等形式开展。

(1)课前任务单设计

线下教学环节分为课前预习、课堂授课以及课后复习三个环节。课前与课后通过线上 MOOC 讨论区形成闭环。授课结束后,助教根据授课情况和学生反馈整理课后任务,并将任务上传至班级微信群和 MOOC 讨论区供学生复习巩固;课前,助教通过协助教师备课,归纳总结课前预习提纲与练习题,并在授课前将提纲与练习题上传至班级微信群及 MOOC 讨论区,帮助学生了解学习要点(如表 4-1 所示)。

表 4-1 "基础英语听说"任务单(张欢瑞等,2018)

节次	项目	具体内容
第 2 讲 课后复习	听说练习	一分钟录音:How do you greet an old friend?
	讨论区	在对应讨论帖回复以下问题: Think of three good friends. How would you describe them?
第 3 讲 课前预习	观看视频	MOOC 视频 unit 2
	习题	MOOC 相关 quiz 和 exercise
	听说预热	一分钟录音:Look at the picture in textbook(p. 18), describe what you see in English.

(2)课上教学设计

学生动态的、个性化的学习需求是影响课堂教学的重要因素。混合式教学的质量由教师、学生、教学平台以及教学评价共同决定,教师的及时关注与有效指导、学生的自主学习、教学平台优质全面的教学支持服务以及贯穿于学习全过程的评价体系是混合式教学质量的重要保障。因此,建立以形成性评价为主、奖励性评价为辅,形成自我评价、教师评价、生生互评多元化多维度的考核体系有助于混合式教学的有效实施。根据课程目标、课程大纲以及学生的反馈,教师对课堂活动进行实时的动态调整,以满足学生的个性化学习需求。课堂活动主要以 4~5 名学生为一个小组的形式开展。活动形式多样,包括词汇积分比赛、头脑风暴、角色扮演、辩论、话题展示、书评分享等。(张欢瑞等,2018)

大学英语尤其是听说课程作为实践类课程,有利于提高学生自主学习的能力和课堂的参与度,提高学生学习英语的兴趣和主动性。

以混合式教学为基础的教学模式为大学英语听说课程改革提供了新的方向,“先学后教”的翻转模式也被广泛应用:通过课前准备找到课堂需要解决的难点和问题,制订个性化的学习方案,提供针对性的帮助,或通过小组协作、互相交流等互动形式来完成设计好的教学活动。教师的备课任务相比原先传统的课堂内容有增无减:教师需要搜集大量相关资料并制作视频或微课等,将相关课程资料上传网络,给学生提供丰富的学习资源和辅助学习资料。这种模式突破了原本仅依赖课堂教学的模式的局限,达到了更好的教学效果。

学生作为学习主体在混合式教学模式下,自主学习能力得到增强,丰富的网络学习资源可以开阔学生的视野,激发学生对听说课程的兴趣。课堂上,教师集中解决重点和难点,师生或生生就难点互动交流。教师组织学生分组进行口语练习,教师角色从主导的宣讲者转变为引导者。课前内容的大量输入,保证了学生在课堂上的参与度。课后通过平台布置适量的口语作业可以进一步巩固课上所学的技能和要点,提升教学效果。互联网和智能手机的普及为学生创造了一个全方位、无死角的英语学习环境,一些学习平台强大的功能更是打通了教师与学生在课堂外实时交流的渠道。教师可以给学有余力的学生推荐学习资源丰富的网站和 App,充实学生的课余时间,培养学生良好的英语听说习惯,有效地延伸了英语听说课堂。(汪新颖,2019)

4.1.5 应用英语

混合式应用英语教学在具体的教学实施过程中,可以大致分为课前自主学习、课堂教学活动和课后素质拓展三个阶段。课前课后主要是线上交互,课中主要是线下教学,而网络互动与教学评价全程跟进。

以自我介绍情境教学为例,探讨针对非英语专业学生开展的基于互联网的混合式英语教学。self-introduction 是应用英语课程中学生应该掌握的基本交际技能之一,教学目标为掌握与自我介绍相关的英语表达方式,在实践中学会在不同情境下应用英语进行得体的自我介绍。

该学习内容需要反复实践练习。但是,在每周两个课时大班教学的条件下,每个学生获得教师有针对性的演示、指导和督促的次数十分有限;学生对相关知识的识记、内化与应用时间有限;按照既定的教学计划,后续的教学任务繁重,知识的遗忘问题无法解决。在互联网普及的条件下,采用混合式教学可以有效地提升教学效果。

1. 课前自主学习

首先,在课前一周,教师借助平台、微信群等发布提前准备好的学习资料与练习任务。学习资料主要涉及与自我介绍这个话题相关的常用词汇、句型表达及中西方文化知识对比。教学视频有教师讲解也有影视片段,每段时长3～5分钟不等。文档既有全英文的,也有中英文对照的。教学资料能充分满足不同层次的学生、不同学习风格的需求,以激发学生的学习兴趣为主要目标。练习任务有两个:一是针对学习资料、学习状况的网上测试,通过问卷星等第三方软件完成;二是收集与话题相关的资料并上传。

学生的自主学习活动包括在网络平台观看课程视频,查阅Wiki资料或其他扩展资料,接收微信推送等。学生可以根据自己的学习情况有选择地重复学习特定的内容,在教学视频中或之后通过小测试检查学习效果。Wiki资料和其他扩展资料不是单纯由教师提供,而是学生与教师共同上传共享,动态生成,教师只是通过上传的资料引起学生探究话题相关信息的兴趣和规范上传资料的格式。这样的学习方式非常符合当代大学生爱动手、乐于表现自己的个性,能有效调动他们的参与热情;通过多元化地输入英语语言文化知识,为学生后续的在线学习社区互动交流以及课堂活动奠定了知识基础。

2. 课堂教学

经过课前自主学习,教师通过教学平台所提供的学生学习状况、测试完成情况等数据进行分析,明确学生的学习难点并改进课堂教学活动设计。线上教学使混合式教学更具灵活性和适应性,而课堂教学是混合式教学成功与否的关键。

由于课前学生已经积累了必要的基础知识,教师也对学生的学习有了比较全面的了解,因此到了线下面对面课堂,重点就放在学生演练、教师指导上。课堂活动以小组为单位,设置不同的情境,围绕“self-introduction”主题首先进行一般社交场合(如同学、同事)的简短自我介绍,然后是公共场合(如作为接待人员、主持人)的简短自我介绍,再到面试等比较全面而有针对性的自我介绍。课堂活动主要是与教师和其他同学展开讨论、进行展示、回答问题等,由学生自主设计模拟演练活动,如真人秀式的相亲(个人信息介绍与交流)、节目或聚会的主持、社团或企业招聘面试,让学生进行英语应用演练,获得身临其境的语言交流感受,实现知识的内化。每个小组成员需要在小组平台上传完成的任务(语音和视频),并且每个小组每个任务的代表性作品由不同的组员上传到班级学习平台。教师应根据课前学习数据，在课堂上选择有代表性的不同水平的学生进行演练。

整个课堂教学在课前线上教学的基础上，更加高效地采用线下面对面形式。教师作为引导者和监督者，布置任务，协作设置情境，而学生作为参与主体，演练英语，上传作业，从而共同完成课堂教学，真正契合“为用而学，以用促学，在用中学”的大学英语学习理念，达到在真实场景中演练英语的效果，使课前学到的英语接受性知识转化为可用于实际英语交流的产出性知识。

3. 课后素质拓展

在传统英语教学模式下，按照教学计划，进行一个阶段的统一学习后进行复习与测试（如期中或期末考试），学生不能及时巩固新学的内容，教师也不清楚学生的学习效果保持得怎样。而在互联网普及的条件下，经过课前自主学习打下基础，课堂教学活动实际应用后，课后素质拓展将让学生进一步巩固学习成果，增进师生、生生之间的互动。教师通过微信推送拓展任务，要求学生以文字说明所设计的模拟情境或在生活中创造的真实情境，运用所学到的英语知识，为了某个特定的目的（如开始一场公开演讲，赢得异性的喜爱，获得心仪的工作）拍摄一段自我介绍的视频，将文字说明和视频同时上传到网络平台。最后，同学们对彼此的作业互相罗列优点，提出改进意见并进行评分（要求有评分依据）。

在讨论区，教师发起话题，围绕特定的主题分享学习经验，交流学习体验，并进一步探讨更多需要介绍的主体与场合，如介绍别人、公司、产品。通过学生参与互动的频率、发帖的质量、拓展任务的完成情况，教师对学生的学习行为、学习进度及学习效果等表现进行全面、细致的考察，并将互动情况计入学生最后的总评成绩。

在整个教学实施过程中，基于 web2.0 的网络互动贯穿始终，从课前的信息集中、学习反馈，到课中的分组活动、上传作品与生生互评，再到课后的拓展、讨论，web2.0 由下而上的主导体系完全符合现代大学生信息技术熟练、自我意识强的特点，有效地提高了学生的学习积极性。在混合式教学模式下，教师在课前自学、课堂活动及课后拓展过程中始终没有放弃引导者的角色，像一个导演让演员们充分发挥自己的天赋去表演、去创新、去展示。当然教师也会适时地出现——布置任务、答疑解惑、点赞表扬，掌控整个教学过程，通过及时有效的交流解决课堂教学有限的容量与学生个性化学习需求之间的矛盾，从而提高英语教学的质量。

4.1.6 商务英语阅读

网络手段能够成功促进师生教与学的课程教学的实施，助力以学生自主学习为中心、教师及时引导与跟进的模式发展，使得学生在不受时间、空间限制的条件下，充分学习知识技能。商务英语阅读结合自身课程教学特点，充分与现代技术相结合，利用混合模式教学，使其在大数据整体环境下发挥最大价值。

1. 录制商务英语阅读在线课程

商务英语是商务和英语的有机融合，因此商务英语阅读的课程性质与其他课程不同，要求培养学生的专业英语词汇量、语言能力、思维模式、背景知识和语篇能力等。另外，阅读内容具有较强的专业性和情景性，其中包括企业文化战略、领导管理才能、生产与消费、全球化和新经济等多个方面，阅读语篇中也难免会出现大量的专业术语和行业动态信息。

在录制商务英语阅读在线课程的过程中，应按照商务英语阅读课程的具体内容进行合理分类，每个类别即为一个单元，例如基本商务知识和各类阅读技巧，以及国际商务、公司文化、知名企业家、企业特征与发展等不同板块。在每个单元内部可以按照主题划分为 3～4 个小节，如本单元阅读技巧讲解、泛读长篇文章、主题课文精读、配套练习小测。每小节网页中包括录制的 8～10 分钟的相关视频、图文文本、问题解答和讨论区等，其中视频内容可采用 PPT 演示画面，教师针对每张 PPT 内容做的讲解亦可出现在视频当中。除此之外，对于一些情境性较强的话题，可选用一些实际的交际场景作为范本，供学生参考学习，以激发学生的兴趣点，提高学生学习的积极性和持续性。建议每个课程视频最后教师做适当总结，保证视频质量。

另外，每节课课程板块设计长度适中，尤其是课程视频设计过程中，重点应放在英语语言应用方面，包括讲授略读（skimming）、精读（intensive reading）和思辨性阅读（critical reading）等。精心思考设计出的课程体系会给学生英语语言和商务英语知识带来更大的学习乐趣和更丰富的内容体验，以便让学生在打好英语语言基本功的基础上，掌握商务知识，成为具有核心竞争力的全方面发展人才。

2. 选建商务英语阅读题库

学生在掌握英语语言应用和商务知识技能之后，还需通过大量的阅读材料练习,进一步提高语言运用能力和阅读的熟练度。因此,混合式课程体系必须包含商务英语阅读题库。为了更好地培养学生的阅读习惯和阅读能力,商务英语阅读题库中的题型应以更多形式展现给学生,例如选用剑桥商务英语(BEC)、商务英语四级以及英语专业四级等考试阅读题,包括长篇阅读、深度阅读和完形填空等多种题型,以达到学习策略和学习目的相结合的效果。题库中阅读题目所涵盖的内容多与商务知识有关,但不局限于商务方面,还包含政治、经济、文化和社会等多方面,以丰富学生的思维,开阔视野。题库的创建还需用到高效的存储软件,方便学生登录并抽取题目,快速作答。在题目数量方面,为尽量降低重复率,每一种阅读题型至少精选100篇,确保抽样基数足够大,尽可能避免重复。每篇阅读文章附带相应的练习题,设定好完成所有阅读题目所需的时间,如1000个词的文章规定阅读时间为10分钟,从而保证学生的阅读速度和完成效率。商务英语阅读题库的建立不仅有助于学生提高英语阅读水平,同时也可培养学生定期阅读的好习惯,营造全民阅读的风气。

3. 完善商务英语阅读在线测试

在混合式教学模式形式下,商务英语阅读的测试也应做相应的改革与完善:利用现有的商务英语阅读题库资源和高效的测试软件,统一做到在线测试和人机评审。测试时间可与四六级考试阅读部分用时相近,要求60分钟内完成4篇不同类型的阅读文章,例如长篇阅读、深入式阅读、完型式阅读、基础知识型阅读、思维训练型阅读和个人理解表达型阅读。在线测试更加体现公平统一的特征,也符合混合式教学的基本要求。混合式教学模式将传统课堂教学和网络化教学方式有机结合。在线测试系统简化了传统测试的诸多不便,还避免了学生在测试过程中作弊;借助计算机批改客观题,提高教师在阅卷过程中的效率及准确率,并可以重复利用,大大提升了教师在教学过程中的工作效率,事半功倍。(王丹丹,2019)

4.1.7 大学英语写作

兴趣是学习的巨大动力,是推动人们提高知识水平和从事某种活动的心理因素。在线平台有丰富的资源,能充分激发大学生的求知欲,调动他们的学习积极性。大学生的英语写作,一般需要经过写作前期的知识储备阶段、写作阶段以及教师修改反馈阶段,混合式教学模式的具体应用将分别从这三个方面展开。

1.混合式教学在写作准备中的应用

任何写作都离不开前期素材的积累。在高校英语写作教学中,教师可以先借助线上问卷的形式了解学生的写作功底,根据大学生的具体情况,通过网络为学生查找适合的写作素材,让学生在平时的学习过程中注意写作素材的积累。比如一些英文美文佳句,不单单拘泥于文字形式,还可以通过视频、音频等形式分享给学生,让他们诵读积累,提高他们的语感,增加写作的词汇量,让他们积累更多的高级词汇以及重复使用初级单词。在英语写作准备环节,对于学生的薄弱之处,比如语法应用,应当通过课堂或者网络在线课堂来特别强调。前期还需要培养大学生的自主学习能力和素材搜寻积累能力,让他们学会通过网络查找和积累所需的写作素材和资料。

2.混合式教学在写作过程中的应用

混合式教学模式在写作教学中的应用主要体现为教师在课堂上及在线交流中指导大学生的写作。在开题写作之前,教师一般会提前进行讲解,让学生掌握写作的构思行文方法、注重所谓的呼应,了解写作之前如何搭建文章框架,如何丰富文章内容,如何减少或杜绝语法词汇错误。对于那些篇幅较长的文章,学生写作中需要与教师进行沟通。大学生现在都有智能手机和电脑,教师可以充分利用学校的教学平台或者即时通信方式为学生答疑解惑,及时了解和纠正学生的写作情况。在线答疑解惑弥补了传统教学过程中课余时间师生无法进行交流的不足。

3.混合式教学在写作修改反馈中的应用

在修改反馈阶段,教师要充分提高大学生的竞争意识,积极鼓励学生向优秀的写作作品学习,通过相互学习、取长补短提高学生的整体写作能力。在修改论文时,教师可以采用学生之间互评、盲评的方式。在学生上交写作作业后,教师可借助共享平台让学生进行互评,提前公布评判标准,并要求学生留下相应的评语。这样既可以让学生看到别人的问题和优点,同时也可以让学生联想到自己的问题和欠缺之处,感受到彼此之间的差距。批改完毕后,教师将广受好评的文章分享给大家,让同学们自我感知与优秀同学之间的差距,这样也可以发挥榜样的激励作用。另外,对于写作过程中普遍存在的问题,教师应当通过课堂或者在线交流的方式,进行积极的讲解,帮助同学们了解自己存在的问题,及时纠正,查漏补缺,逐步提高学生的写作能力。同时,同学之间也可以交流自己的看法和心得,在课堂上或在线群组内进行写作问题的反馈讨论,进一

步提高写作能力。(赵娟,2019)

4. 混合式英语写作教学可能存在的问题及对策

混合式英语写作教学能够较好地发挥学生在写作学习与写作练习中的主体性与主动性,有效地提高学生英语写作自我效能感,降低写作焦虑。具体教学实施中需要注意以下问题:

(1)注意小组分配技巧,提高同伴反馈质量

同伴的反馈源于协同互动学习理论(collaborative interactionist learning theory)以及维果茨基的最近发展区(zone of proximal development)理论。维果茨基强调学习者之间的互动对发展认知技能、促进社会交往的重要性,认为与其他同伴的互动将帮助学习者通过"最近发展区"来实现潜能,强调学习者通过同伴互动达到更高层次的认知发展水平。第二语言习得(SLA)的互动理论认为学习者需要协商互动(negotiated interaction),促进第二语言习得。学生应参与有意义的、解决问题的活动,促进批判性思维能力和创造力的提高,而不是仅仅被动接收和记忆知识信息。学习者在社会背景下建构知识,通过与他人的互动,参与社会活动;通过讨论,获得知识;通过积极参与,增强自信心。过程写作将所有的写作都视为一种创造性的行为,不同于结果教学法。结果教学法中,教师仅仅为学生设定写作主题,不介入写作过程,仅对写作结果进行一次性反馈。研究表明,反馈在草稿阶段更有用。如果在写作完成后批改,再将反馈结果给学生,对提高学生的写作技巧效果甚微。但是同伴反馈也存在一定的缺点:由于学生水平有限,可能很难评判其他同伴的写作问题,也可能为其提供不准确或误导性的建议;同样,写作者可能对同伴的批评性评论做出消极、防御性的反应。如果学生没有提供高质量的同伴反馈,或者没有积极参与,组内其他同学也可能会感到不快。建议每个学生小组都选一个学生组长,组长负责发送截止日期提醒,并组织小组讨论。同时注意小组成员中成绩好、中、差三类学生的比例平衡。教师需鼓励并监督小组内的互动,并及时了解不同学习者的需求,帮助那些在写作中遇到困难的学生。

(2)进行现代技术培训,强化教师对自身角色的正确认识。

随着科技的飞速发展,传统课堂教育正在向在线教育转变,许多教师不再直接控制教学过程,他们更像是主持人,而不是传统的教师。混合式教学能增强学习者的学习参与度,并增强课堂互动。在混合式教学中,要求教师及时处理在线互动以及相关技术问题,教师有时会面临较大的压力。教师扮演在线教

育工作者角色时,会有很多顾虑。Ocak(2011)提出,教师对混合课程缺乏兴趣的原因包括课程结构复杂,需要谨慎的准备和规划,以及缺乏有效的沟通。在线环境中,教师角色在教学、社会和技术上都发生了改变。教师角色转换是混合式教学中的关键问题。Knowlton(2000)认为,“教师不再是裁判员、法官或独裁者;相反,他们以教练、辅导员、导师和主持人的角色为学生服务”。在线教师既是课程设计者、组织者、讨论启发者、推动者、反馈者和互动促进者,也是社会支持者、技术促进者和评估设计师。教师首先应注意适应新的角色,从而有效地承担在线教育的相关责任。在线教学与传统面对面授课不同,在课程开始前,需要对教师进行网络相关平台的培训,为成功实施混合式学习提供技术支持,并使教师更新教学理念,熟练使用教学平台和多媒体技术,增强混合式教学的教学效果。

(3)完善评价体系,加强对教学平台的监管

传统考试通常是在同一时间和地点对所有学生实行的标准化程序。相比之下,在线评估缺乏面对面的交流和观察,与传统教学情境完全不同。在线环境下的学生评估对教师来说更具挑战性,他们无法直接观察学生的行为。由于在线平台的特点,学习者可以冒用他人身份,也可以使用互联网进行文本剽窃。以写作为例,学生可以在互联网上搜索相关的文本信息,然后将找到的文本信息复制并粘贴到一个文档中,并将文档上传,轻松且快速地完成写作任务。Robles&Braathen(2002)认为,与传统教学相比,在线评估需要更持续、更系统的方法。因此,在线教师需要使用有效的评估策略和技巧,如在项目、自我评估、同伴评估等方面的创造性设计,所有这些都与即时反馈相结合。同时对于学生的剽窃行为,教师应给予严厉的批评和警告,在分数中给予充分体现,在保证学习效果的前提下最大限度地实现公平。

混合式教学不仅仅是“课上 + 课下”或“课堂 + 在线”的简单结合,而是使课上与课下的间隔消除,课堂信息与网络信息深度融合,从而使实际课堂和虚拟课堂融为一体,是符合“人人皆学,处处能学,时时可学”前景的有效教学模式。混合式教学模式的出现是现代教学改革探索的结果,它依托现代信息技术,通过线上线下相结合的方式,为大学的英语写作教学开辟了新的方法。混合式教学模式应用于大学英语写作教学可以充分发挥线上与线下教学的优势,提高教学质量,提高学生学习的兴趣,为英语写作教学注入了新的活力。把混合式教学模式应用到大学英语写作教学中,可以协助师生攻克写作难关,确保

学生在英语教学过程中的主体地位,提高学习英语的积极性和主动性。混合式教学模式还在不断探索完善之中,未来将发挥更大的作用。

4.2 混合式大学英语教学中的平台与软件

4.2.1 云班课

1. 概况

云班课(Moso Teach)是一款基于移动互联环境,借助移动智能设备开展课堂内外即时反馈互动的云服务教学平台。云班课平台提供完善的移动学习功能,为学生提供丰富的课程信息订阅,教学课件和相关资源下载,作业、消息推送等服务,充分满足高校学生的个性发展的需求,符合当下大学生利用移动设备进行英语学习和交流的习惯。同时它可以帮助教师实现课堂翻转,组织教学活动,还可以统计分析学生学习实时行为数据,帮助教师分析学生的学习效果,开展有效而又有针对性的教学。

云班课主要包括五大模块:(1)详情,包括班课邀请码、课程介绍等;(2)通知板块,可以由教师随时向学生推送通知提醒;(3)活动,包括几种类型的活动,如作业/小组人物、投票/问卷、头脑风暴、答疑/讨论和测试等;(4)成员,这里显示了加入班课学生的姓名、经验值等,还可以签到;(5)资源,教师可以在这里发布教案或网络资源等。这些模块在课前、课后以及课中的有效使用,基本符合智慧课堂的技术特征。

大学生原本的英语基础各不相同,有些大学生的英语基础比较弱,且学习英语的能力也不强,自主学习时的自控能力也比较差。在这种情况下,就需要学生对大学英语课程进行正确的自我审视和评估,自主学习能力和探究实践能力都需要在教师的设计和引导下逐步提高。在此过程中,云班课中的经验值可以提高学生进行自我评估和自我提升的兴趣,但完全依赖学生的自主学习是无法满足英语学习需要的。因此,网络教学需要结合课堂教学,面对面的课堂教学正是信息化技术下网络教学的有益补充。在大学英语教学中,把传统课堂教学模式与云班课相结合,构建了一种完整的、多层次的学习体系。在使用云班课教学时,教师能够根据学生学习大学英语过程中产生的学习数据,以及经验值数据进行及时分析,了解学生学习的状态,及时帮助学生解决课程中的重、难点问题,这是传统教学与网络教学之间的有益互补。如果想要提升大学英语教学质量和效果,就需要教师与学生进行实时有效的交流,而云班课平台正是一种可以使教师与学生在课上课下、线上线下进行交流沟通的便捷模式,有助于混合式教学设计师与学生之间建立一种良好的师生关系,提升教学质量。云班课在教学中的应用还在不断发展改进中,目标是更有针对性和实效性地服务大学英语教学,学生积极配合教师的活动和教学,形成良好的教学互动,有利于学生更加高效地进行大学英语的学习。(于欣宏,2018)

2. 云班课在大学英语教学中的应用实践及效果

在大学英语的教学工作中,英语知识的传授形式主要是以云班课教学软件为辅助教学工具,而知识内化、重难点的讲解和同学之间的互助学习则应嵌套在课堂学习活动中进行。云班课在大学英语的教学中占据了很重要的位置,主要是因为它强大的学习交互功能。教师完全可以充分利用云班课进行课堂提问、组内讨论和相互答疑解惑。在教学中,教师只要在云班课上进行相关操作就可以充分利用课堂答疑、交流讨论等活动形式。传统的教学模式由于时间和场地的关系,不可能对学生的提问和想法一一进行回答,学生之间也没有足够的时间对一个教学问题进行有效讨论。所以,利用云班课的这种线上交流、答疑和讨论功能就能很好地弥补这点。在云班课的讨论过程中,还可以充分利用经验值的功能调动学生参与讨论的积极性,从而进一步培养学生的参与意识。云班课还可以对课堂表现进行有效的量化统计管理。在课堂教学过程中,教师也可以采用选人抢答等方式进行教学,这样能够清楚地记录每个学生在课堂上的表现情况。课后,教师只要利用云班课强大的数据统计功能对学生上课的表现进行统计,就可以轻松掌握学生的表现并进行成绩测评的量化管理。从教学过程看,云班课能够很好地搭建起移动交互的平台,实现师生和生生的交互协作与及时反馈,较好地完成教师教学设计,达到较好的教学效果(如翻转式学习)。从教学实践效果看,基于云班课的混合式教学模式能够调动大多数学生的积极性,能充分实现线上线下的互动,有效提升教学效果,有利于更高教学目标的实现和深度学习的发生。同时,大量生成的学习数据也为科学的过程性评估提供了重要的依据,能够更好地指导和改进今后的教学。

4.2.2 雨课堂

雨课堂是由清华大学慕课平台推出的一款高效的免费教学软件,把教师端和学生端有机联系起来,并且给予师生课前、课上和课后一个全新的体验,很大程度上推动了教学改革。雨课堂采用云计算技术,将信息技术完美地融入 PowerPoint 和微信中,从而在课前预习和课上实践之间建立桥梁,增加了师生之间的互动交流。雨课堂更加科学地涵盖了课前、课上和课后的每个过程,合理利用大量的碎片时间。通过使用雨课堂,教师可把与课程相关的 MOOC 视频、语音讲解和习题在课前发送到学生的手机端,使得师生沟通更加及时;课上授课或答题可弹屏互动,解决了传统教学"教师主动教,学生被动学"的现象。

雨课堂教学工具的功能比较实用。雨课堂包括课前预习 + 实时课堂 + 课后考卷全程教学活动的数据采集,从经验主义向数据主义转化,以全周期、全程的量化数据辅助教师判断分析学生的学习情况,以便调整教学进度和教学节奏,做到教学过程全监控。

1. 优势

(1)具有监督功能。教师通过雨课堂将课前准备的相关视频、音频和习题推送给学生,让学生做好预习工作,教师通过教师端可不定时地监控学生课前预习情况、课中学习情况和课后复习情况,这样可实时督促学生学习,防止学生偷懒,同时也方便教师查漏补缺,进行差异化教学。(2)成本低,使用方便。雨课堂的成本较低,它是一款免费的教学工具,只需要下载雨课堂插件就可在 PPT 和微信上使用,操作方便,即使年龄较长的教师也很容易学会。(3)增加师生之间的互动。传统的教学模式是教师主动授课,学生被动听课。在传统的教学模式下,有些内向的学生在课上遇到问题或者没有听明白时,不会主动去询问老师。而使用雨课堂,学生可通过手机弹屏和老师交流,也可通过点击"不懂"按钮表达自己的想法,也可单击"收藏"按钮,把自己感兴趣或者不熟练的知识点收藏起来。教师可通过学生的这些动作,来调整自己的教学计划,从而达到更好的教学效果。(4)可不定时、不定点地重复学习。学生在任何场所、任何地点都可以扫描雨课堂上课的二维码进行课堂学习,并且学习的内容可重复。如果学生在课上走神了,课后可通过雨课堂对知识进行强化学习,让基于雨课堂的学习无时无刻地存在。(5)良好的评价机制。现在的教学改革更加注重对学生学习成绩的考察和教学水平的评估,雨课堂在教学改革中承担着越来越多的检查学生学习成绩和学习效果的责任。因此,在雨课堂的教学改革中,不断完善课程学习情况的数据分析与评估功能十分有必要。

2. 雨课堂的需求分析

雨课堂贯穿课前、课上、课下三个环节。教师可对每个班级单独管理,主要包括课前、课上和课下学生的音频、视频、习题和试卷的推送。课上,学生通过扫描二维码签到学习,并且可把不会的知识点直接收藏起来或点击"不懂"按钮。教师根据学生的反映情况,适当调整课堂上的学习任务,从而形成师生之间的良好互动。雨课堂的功能模块如图4-5所示。

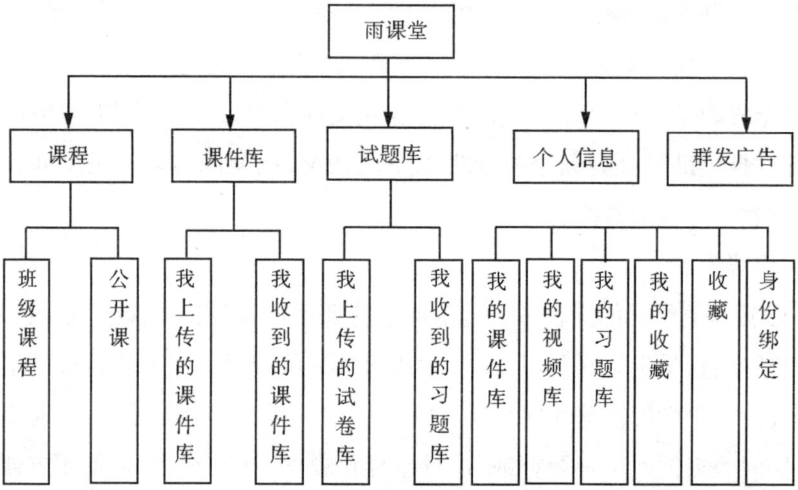

图4-5 雨课堂的功能模块

3. 雨课堂的教学模式

(1)课前调研准备

对基于雨课堂的大学英语混合式教学模式进行应用前,教师通过问卷调查与访谈,首先对所教学生的英语学习基础及学习需求与智能手机使用情况进行了解,然后制定英语教学目标与教学计划。

(2)课程设计实施

该部分以2017年12月英语四级翻译真题《泰山》的翻译教学为例,介绍如何借助雨课堂构建大学英语混合式教学模式。该题要求对我国名胜古迹的介绍进行英文翻译,目的是通过具体的翻译实践,使用各种翻译技巧独立完成语段翻译,提高学生的语言应用能力,培养学生的跨文化交际意识和对祖国优秀传统文化的输出意识。

(3)发布学习任务

教师翻译教学的重点是对知识点进行分解,通过各种渠道对相关资料进行收集，然后通过雨课堂平台将课前需要掌握的内容推送给学生。该节课需要提前推送给学生的主要学习内容如下：①背景知识。《泰山》语段翻译是对国家的风景名胜进行翻译，语段中包含旅游英语翻译中经常使用和出现的句型。因此，在背景知识部分，除了有关于景点相关介绍的英语文章，还包括一些旅游英语常用句型的课件。教师课前对该类教学涉及的内容、重难点、背景知识点进行收集，并以任务清单的形式布置给学生，同时要求学生在课下进行学习整理。在资料方面，包括纯文本，并辅以图文混搭类资料或视频资料。②教学重点。教师以任务清单的形式，对需要翻译的内容逐句分解，课前让学生提前对课本内容进行逐句翻译并提交，学生可利用课余时间查阅相关资料，节省了课堂时间。

(4)课堂知识讲授

该部分主要交给学生，教师可根据教学情况进行分组，由各个小组就《泰山》中各句分解的翻译任务来展示小组中获得认可的翻译成果。在一个小组展示翻译成果时，教师和其他小组可仔细观察、倾听该小组的翻译情况，并提出相关问题，由小组成员共同进行解答。针对翻译错误及学生不懂的地方，教师可在课堂上进行纠正、补充，并就各句的准确翻译和知识点进行专门梳理、讲解、归纳。

(5)课后答疑及作业布置

课后，一些学生通过在QQ或者微信群发言的形式表明自己对主谓宾的选择与某些知识点尚有不懂之处，教师应及时给予回复与解答。同时，通过雨课堂将事先准备好的课外作业向学生进行推送，学生在手机上完成后进行提交，根据雨课堂投票数据统计，教师对每个学生的学习情况进行详细的了解。

在大学英语教学中应用雨课堂智慧教学工具，可使传统教学模式和网络学习模式有机地结合在一起。从实践应用结果可以看出，基于雨课堂的大学英语混合式教学模式的应用，给高校英语教学搭建了更优质的教育平台，对培养学生英语应用能力，提高学生跨文化交际意识具有重要作用。在大学英语教学中，应积极探索基于雨课堂的大学英语混合式教学模式的构建与应用，促进大学英语教学效果的提升。(曹野，2019)

4.2.3　微信

微信是腾讯公司推出的手机App，提供了在线聊天、朋友圈信息发布、公众号平台信息推送等功能。目前,微信已经成为最受欢迎、使用率最高的手机App之一,已经成为人们生活中必不可少的应用工具。微信的广泛使用,为混合式教学的开展提供了很好的支持。

对于大部分人来说,微信是目前使用频率最高的手机软件。微信公共服务平台(WeChat public platform)由腾讯公司于2012年8月推出后,用户数量剧增,至2015年底,汇聚公众账号1000万户。微信公众平台主要有订阅号和服务号两种类型。目前以订阅号用户为多。微信公众平台具有推送、互动、传播和分享等功能。推送方式包括普通群发和有目的地选择用户推送视频、文字、语音、图片数据;关键词回复是目前微信公众平台的用户与外界保持联系互动的常用方式;“分享至朋友圈”使信息在熟人圈传播,“分享至微博”使信息扩散到更广泛的陌生人群中。微信公众平台具有真实性、主动性、时效性、私密性和裂变性等主要特点。微信群及小程序可以为师生沟通、生生交流以及在线学习成果检测提供有利条件。因此,结合微信的特点将微信平台运用于大学英语混合式教学中具有较强的可行性。(邓丽芳,2020)

微信运用于混合式教学最常见的功能有以下三个:

1. 搭建学习框架

利用微信的三大功能:微信群、微信公众号、朋友圈,教师可以开展师生交流、共享资源、发布资源等各项学习活动,完成混合式教学模式的各个环节。所以在开展混合式教学前,首先要搭建学习活动开展的网络环境。

班级微信群:学期开课后,教师建立微信群,班级学生加入群内。微信群将完成今后的课程线上讨论、问题解答、资源分享等任务,可以由教师主导,也可以由学生主导。师生通过群实现任何时间、任何地点的交流互动。

微信公众号:教师在微信公众平台申请一个课程订阅号,订阅号可以发布课程的各类资源,如文字、PPT、音视频等。学生扫描公众号二维码加入课程,以后每周会收到老师推送的信息,学生可以进入公众号浏览老师提供的学习资料。

(1)基于微信公众平台构建混合式教学模式的两种路径

①单独使用微信公众平台作为支撑的混合式教学实施路径

基于资源发布、学习数据收集、用户管理、问卷调查等功能,微信公众平台可单独作为在线平台支撑混合式教学的实施。丰富的小程序和插件功能以及第三方接口,使得基于微信公众平台开发完整的在线教学系统成为可能。例如，教学中利用微信公众平台发布课前任务，进行课堂互动交流、课后反馈和延伸性问题研究；教学中通过手机端公众平台，共享课程资源，拓展和交流并重，构建无处无时不在的混合式学习环境。此类实施方式，将微信公众平台作为在线课程的支撑，线上学习完全依赖公众平台的推送资源和功能。教师可依据“混合式教学设计八环节”，结合课程特点个性化设置公众号栏目，对各种图文资源进行编辑、存档，并按照教学计划按时在公众号发布文章，引导学生开展线上学习。该路径的优点是，资源的制作方式和推送策略完全由教师自己把握，具有一定网络开发技术基础的教师团队，还可以通过引入各种小程序和接口扩展公众平台的功能，因此，平台的可塑性很高，使混合式教学灵活性更强。同时，这种实施路径也适用于刚接手新课程的教师。在各种资源积累尚未成规模时，教师可借助公众平台实施混合式教学，在授课过程中逐步将资源整理、编辑加工并上传。

②微信公众平台＋网络课程/资源库等的混合式教学实施路径

在这种实施路径中，教师课前利用公众平台的即时通信功能，将预习通知和学习材料链接等以图文推送形式发送到学习者手机端，引导学习者进入网络课程查阅相关预习资料完成线上自学；课中，根据教学内容灵活应用课程平台资源安排学习活动；课后，通过微信公众平台推送重难点复习资料和内容提要，引导学生登录网络教学平台进行拓展学习，完成拓展任务。

（2）基于微信公众平台开展混合式教学存在的问题

①微信公众平台作为课程支撑的定位不够清晰

无论是单独使用微信公众平台作为混合式教学的支撑，还是微信公众平台与网络教学平台联合构建混合式教学资源架构，都面临如何正确定位微信公众平台的问题。从混合式教学设计的角度而言，微信公众平台究竟应该对整个线上教学提供多大程度的支持，是课程建设者必须在教学模式设计之初确定的。微信公众平台的优势在于点对面的快速信息送达、灵活而个性化的资源呈现方式以及自由泛在的访问时间。

②微信公众平台本身的教学属性不高

微信公众平台本身作为即时通信工具的扩展，其开发的初衷并非面向教育教学领域，从而导致其功能和界面相对于日趋成熟的慕课平台、SPOC、超星学习通、教学资源库等专门为在线教学设计开发的网站以及 App 而言缺乏专业性。其在用户管理、交互性资源的使用、教学资源的系统性和完成性、项目式或问题导向式教学的实施和管理、多样化的在线测验和考试方式等方面均存在天然缺陷。

③微信公众平台的后台数据与网络教学平台难以对接

微信公众平台能提供诸如在一定的统计时间(按日、按月)范围内用户数量变化、访问数量、转载数量、全文阅读量、访问时间等方面的信息,可为教师分析学生学习行为、学习习惯以及教学活动参与度提供一定的数据支持。但这些数据只能通过 Excel 的形式从平台导出,教师需要结合网络教学平台的各种数据,才能按照课程评价方式核算出学生的线上学习成绩。目前,还没有办法实现微信公众平台后台数据与各大在线学习平台数据之间的对接和共享,一定程度上为教学评价工作增加了工作量。(霍应鹏,2020)

2. 充实教学资源

搭建起网络学习环境后,教师需要填充学习资源。教师提供的学习资源主要通过微信公众号平台推送。"互联网+"时代的学生线上学习具有碎片化的特点,更多学生倾向于使用手机作为日常的学习工具,所以教师进行资源建设时要考虑资源的微型化、碎片化。资源的建设主要通过公众号平台进行。利用公众号平台提供的菜单功能,教师可以自由设计课程的栏目。

常见的栏目有:

(1)课程介绍:提供文字资源,介绍课程的学习内容、学习方法、考核说明等,以便学生了解和熟悉课程在专业体系中的地位和课程学习的目标。

(2)课程辅导:该栏目是对学生学习问题的汇总,针对学生学习的某一个问题进行解答,主要提供文字、图片资源。

(3)微课学习:梳理课程知识点,构建课程的微课体系,录制 5~10 分钟微课视频资源,这是资源建设的重点和难点。微课资源传到平台后,主要用于学生课前预习和课后复习巩固,学生对于难度大的内容可以反复观看。

(4)知识拓展:根据学生情况、教材内容,对学生的学习内容,结合实际进行拓展引申。

3. 组织教学

在有了平台和资源后,教师需要设计自己的教学过程。微信支持下的教学活动主要围绕课前预习、课堂教学、课后复习和交流互动四个方面进行组织。

(1)线上课前预习:线上教学的开展一般以周为单位。每周上课前,教师可以利用平台向学生推送预告,将本周的课程内容发布到平台,可以是文字资料、知识点微课视频。学生利用手机进行碎片化学习，可以在线上与老师、同学交流。教师根据学生的反馈，补充新的学习资源，解答学生的疑问。学生通过学习对将要学习的内容有了基本了解。预习为后期课堂教学的顺利开展打下基础。

(2)课堂面授：传统课堂教学在整个教学过程中具有无法取代的位置，而微信只是对传统课堂教学的补充，主要用于课前与课后交流。混合式教学模式将基础知识的传递转移到线上，学生通过自己在网上的学习，对基本概念、知识有了了解。课堂不再以教授书本知识为主，而是学生集中解决自主学习中遇到的问题，提高实际应用能力的地方。学生通过定期的课堂交流，更好地完成了知识的构建。

(3)课后复习：教师课后将课堂总结推送给学生，学生在课堂上没有解决的问题，可以通过微信平台继续线上交流解决。高等教育学生来自不同的省份和地区，层次差别较大，学习能力、课堂的学习效果差异也比较大。对于自主学习能力差一点的学生，教师课后提供的教学辅导尤为重要。教师要及时根据课堂教学的情况，发布学习的总结、课堂反馈、对学生的评价等。教师可在课后提供复习微视频、课堂教学的视频等，供学生课后进行线上巩固复习。对于学习能力较强的学生，教师可以有针对性地提供拓展资源，增加学生的学习深度。同时，教师通过在平台分享学生优秀的作业，提供学生课后线上互相借鉴学习的机会。

(4)交流讨论：教师可以充分利用微信、公众号与学生互动。如消息自动回复，学生在公众号平台上输入核心词时，公众平台进行关键字搜索，将设置好的回复内容提供给学生。同时，学生网上搜索的信息保存在公众平台上，教师登录电脑平台后可以进行查看。教师可以一对一地与学生交流，学生可以在微信公众号留言，或在微信上直接与老师沟通，教师可以进行个性化辅导。这种交流模式有助于增进学生与教师之间的感情，鼓励学生敢于提问。另外，学生之间也能形成良好的互动，比如学生看到好的内容，可以分享至班级微信群，也可以分享到朋友圈，其他学生可以线上进行交流，发表看法。

第五章　混合式学习中的互动与评价

学习活动的设计与组织、学习支持和教学评价是构成混合式高效学习的关键要素。移动互联网环境下,知识更新迭代,学习方式的重要性日渐提高,相较于学习的内容,学生更关注学习的实际效果,学生对提高学习效率的需求更加迫切。因此教师也需要一个可以落地实施的学习活动设计模型,用于指导和改进自己的课程设计。混合式学习整体教学设计需要与学生的自主学习结合起来,同时嵌入丰富的在线学习资源,用各类与学习相关的活动连接线上线下资源,带给学生们整合式的学习体验。由于长久以来学生接受的是以课堂教学为主的方式,因此在混合式学习环境下,学生对使用技术支持手段的学习方法和教师采用的混合式教学方法需要适应一段时间;学生需要利用元认知策略自定步调——进行一定量的线上学习,并将线上学习的部分内容适当地融入课堂学习。如何使用适当的学习策略来助力提升学习效果成为学生面临的难题和教师面临的挑战。

国内外专家学者对混合式学习进行了诸多研究,均阐述了混合式学习在不同课程之中的重要性,同时也提出了混合式学习的主要因素,其中包括:传统课堂教学和在线教学的有机结合。这个要素能够优化学习和教学环境,而且能够更好地满足学生不同的需求和喜好。这意味着所有网络信息技术都要以最符合教学规律的方式嵌入教学过程,而且主要运用于创造和维持高效的交互式学习。对学习模式的重新定义要求新兴的教学方法和已有的学习理论有效结合,并且对在获取知识和理解所学知识的过程中学生和教师的互动提出了新的挑战。如何对混合式学习进行持续评估和评价也成为保证教学质量和教学效果的关键点。

5.1　互动

5.1.1　互动的内涵

1. 互动的本意

从语言学的角度来说,互动的本意是相互作用,也称为交互(interaction),

既指抽象意义上的双边传播与反馈，也指具体意义上的相互作用。从教学层面来说，互动是一种新型的教学环境（instructional context）。从信息交换的角度来说，Lavrnja 认为互动是一个以信息为中心，能够交换信息的过程。Mušanović. M、Rosić. V 等人认为互动过程代表人们以特定的目标进行信息交换（协议、谈判、合作、指导等），并且在公众间（在两个人或多个人之间，或在一个人的不同结构层之间进行）形成共同体（团结、努力，使两者相一致）。Bognar. L、Matijević. M 等人认为互动是一个人与另一个人或不具备非生命的信息的互动，以便传递消息、通知、声明等。从交互对象的层面来说，王志军认为教学交互是内容与内容、教师与内容和教师与教师之间的交互；胡凡刚认为交互分为交往主体与媒体之间的操作交互、资源交互和建构认知的概念交互；Moore 将交互分为三类——学习者—内容、学习者—教师和学习者—学习者；Wagner 将交互定义为需要至少两个对象和两个动作的互惠事件；缪尔黑德等人（Muirhead&Ju-wah，2004）认为交互是在两个甚至更多的参与者与对象之间以反应、反馈和技术界面为中介而发生的同步或异步交谈、对话和事件。

2. OTO 互动模式

这个模式有两种，分别是“online to offline”和“offline to online”互动模式，即从线上到线下和线下到线上师生、学生之间的动态多向信息交流模式，具有合作互动性、主动参与性、信息反馈性和开放性等特点。OTO 互动模式把教学过程看作一个线上线下动态发展的教与学相统一的交互活动过程。教师适时借助网络平台的互动功能，给学生提供线上线下交替结合的互动情境、场合，帮助学生创造性地自由地表达、交流自己的思想，从而形成和谐的师生互动、生生互动、师生与教学媒体之间的互动，以达成教学目标。OTO 互动不仅是知识传递的过程，更是知识理解和重新构建的过程。

3. 交互与学习

交互涉及学习的各个环节，其中包括：课堂授课期间的随堂研讨（教师提问、师生交互为主，问题主要针对具体概念、方法，短小明确），线上研讨（师生、生生在线交互），学生提问为主（多样、分散）、任务导向的集中研讨（教师设计任务，准备周期与讨论时间较长，小组合作准备，课堂集中研讨，问题的综合性、复杂性较强，难度较高，研讨要求深入）。

以知识建构为目的的交互式教学中，教师不仅需要设计问题，还需要营造讨论环境,引导并组织学生进行讨论。教师的组织引导作用决定了交互能否真正实现并深入,以及学生能否真正体会并学习知识的自我建构。首先,教师应通过随堂提问与在线的师生交互,激发学生合作学习的兴趣,营造民主、平等、尊重的学习氛围。其次,教师所设计的合作学习问题和任务,应进一步分解为有明确针对性和具体要求的若干小任务,使学生讨论有方向性。要避免学生合作学习过程中的话语霸权,尽可能地扩大学生参与面,使合作学习的每个成员的表达机会均等。最后,教师要鼓励学生发表独立见解,积极肯定和赞扬合作学习的共同成果,善于把握和提炼合作学习的创造性观点,并将成果纳入全体同学的知识架构。

5.1.2 混合式学习中常见的互动类型

1. 教师与学习者的互动

师生互动是教学活动的核心,是贯穿整个教学过程的纽带,师生互动频率及质量决定着教学的质量。师生之间的互动是一个复杂的过程,教师自身既有“主我”的角色,又有“客我”的角色;学习者也同时拥有“主我”与“客我”两个角色。在互动过程中,既有教师主我与客我之间的互动,也有学习者主我与客我之间的互动。这是一个更新自我认知的心理过程,由此形成一系列的课堂教学行为和学习行为。师生之间的互动是建立在符号互动理论之上的,即师生之间的互动依赖于符号进行。

2. 学习者之间的互动

学习者之间的线下互动大部分发生在课堂教学中。线上的互动主要指学习者之间就学习内容展开的交流与互动。学习者之间进行头脑风暴,分享各自观点,迸发出思维的火花,形成多元的理解和认知,并在自我反思与互评中共同学习。生生互动既有学习者与学习者之间的互动,也包括学习者的主我与客我之间的互动。生生互动可以帮助学习者了解他人的想法,并从不同的角度形成新的理解。这不仅有助于自我完善,还有助于思维的交流与碰撞。当然,每一位学习者的思维表达方式,都或多或少地受到家庭成长环境和先前知识的影响。互动会让他们消除这些影响因素,倾听他人的观点,表述自己的观点,在更大的格局上思考问题,并形成综合的结论,这也是互动的意义所在。

混合式学习环境下,主要依靠学习者的自主探究和协作能力,学习者与其他学生发生对等交互,调动了自身对学习内容的热情和兴趣,也加深了对知识的深入理解,促进知识结构的构建。此外,学习者与其他学习者协作学习的积极性也会对学习效果产生一定的影响。所以,学习者之间的互动也是影响学习效果的重要因素。(孙丽娜,2019)

3. 学习者与学习内容的互动

移动设备的性能、界面设计的改进以及个人支付能力的增强,使得学习者与内容交互的机会增多,学习者与内容交互的舒适性、可访问性与有效性的增强也直接促进了学习者与内容的交互。

教学交互研究中一个相对新的领域是使用分析技术来追踪、聚合和分析学习者与内容的交互,从而生成一些关于学习者使用、支持、建议或批判内容情况的提示。研究者将这种类型的追踪与计算行为称为集体活动,并提供了一个使用间接通信、标签云、搜索路径的案例列表以及其他分析技术的例子来提高学习者与内容之间的交互。(王志军,2018)

5.1.3　混合式学习中的师生互动

1. 理论基础

众多学者从不同的视角对个体的互动行为进行了研究,如美国的穆尔将远程教学中的互动行为划分为三种类型:学习者与教学资源的互动、学习者与教师的互动、学习者与学习者的互动。霍夫曼和诺瓦克(Hoffman,No-yak,1996)将互动划分为人机互动和人际互动;舒姆(Shrum,2002)则把互动划分为人与机器的互动、人与信息的互动、人与人的互动三种类型。这种互动分类,加入了信息这一角色,体现了人与内容之间的互动,如对信息的存取、修改和控制。人与机器的互动以及人与信息的互动都可以视为人机互动。在 SPOC 学习过程中,人机互动是学习者与信息技术支持下的在线学习资源(如微视频、在线测试)的互动,是“人—机”的交互。人际互动是借助同步或异步交流工具(如慕课讨论区、论坛讨论版)所进行的教师与学生、学生与学生之间的互动。人机互动与人际互动相辅相成,是在线学习过程中的主要互动形式。其中,人机互动是学习者自主学习获取知识经验的基础,是个体独立获取知识的认知过程;人际互动是学习者通过与同伴的讨论交流,进一步促进学习的深化与发展的关键,是个体之间获取、分享知识的感知过程。因此,在线学习过程中,一方面应为学习者留下足够的独立学习空间,引导他们灵活安排学习时间,开展基于人机互动的自主学习;另一方面,应加强师生、生生之间的双向交流互动,通过积极有效的人际互动,促进学习的进一步深化与发展。

(1)相关理论研究

混合式学习中,师生互动的相关理论包括学习理论、传播学理论、活动理论以及符号互动理论等。混合式学习是一个复杂的过程,需要多种学习理论的综合指导,如行为主义学习理论、认知主义学习理论和建构主义学习理论。各种学习理论从不同的层面阐释了学习的发生及过程机制,各有特色及局限。混合式学习的创新和研究也是各种学习理论融合发展的必然趋势。在此主要以两种理论为例进行介绍。

①活动理论

活动理论是列昂捷夫在维果茨基的“文化历史心理学理论”基础上发展而来的,是研究特定环境下相关活动的理论,这意味着该理论是属于交叉学科的理论。活动理论具有一套完整的理论体系,且在各个学科领域都有相关的应用。活动理论基本的分析单位是各项活动及活动系统,且所有活动都具有一定的层次结构。活动是发展变化的,活动的开展与活动主体的心理活动和行为方式密切相关,活动的内化和外化过程体现了活动开展与主体心理发展的辩证统一。混合式学习中,师生互动主要体现在课堂内容讲授、学习活动开展及在线讨论过程中。在不同层次的活动中,参与主体之间的互动关系是不同的,这就需要具体问题具体分析。

②符号互动理论

符号互动理论是社会学和社会心理学领域的理论,最早由美国实用主义哲学家W.詹姆斯和G.H.米德提出。这一理论主张从人们互动的个体自然环境来研究人类群体生活,强调从微观层面关注人与人之间的互动。教学就是一种互动,一种师生之间通过某种符号就固定教学内容进行的互动。在混合式学习中,互动的主体包括教师、学生、助学者等,互动内容包括文化知识、操作技能、道德教育、综合素养等,互动媒介有社会性软件、课程平台等,互动方式有直接互动、被动互动、线下互动、线上互动等。

(2)混合式学习中的师生互动

传统课堂互动中,教师在教学中面对众多的学生,受条件的限制,师生互动的受众面小,互动都不充分。随着混合式教学的推广,互联网技术在教育领域的广泛应用改变了以往教学和交流的局限性。师生网络互动的增加很大程度上改变了以往师生互动的局限,学生开始主动参与,师生互动不再只是简单的一人互动模式,而是以图文符号为主要载体,以计算机网络技术为中介工具的新型人际交流活动。混合式学习中的教学活动与师生互动应与混合式学习课程相契合。在前端分析时,要对所有参与学习的学习者和教学内容进行分析,形成基于混合式教学的教学设计。混合式课程的设计在宏观上还包括学习环境设计、学习活动设计和学习支持服务设计三个部分。在混合式教学实施过程中,既包括多媒体辅助的面对面课堂学习、基于网络学习环境的在线学习,也包括小组协作学习、实践教学等。混合式课程的学习评价方式也是多种多样的,包括学习者自评、学生互评、教师评阅等,且将形成性评价与总结性评价相结合。教师与学习者在整个学习过程中会在多种角色之间转换。教师要注重自身引导者、组织者作用的发挥,合理组织教学活动,为学习者提供及时的学习支持和学习干预;而学习者应该以自主学习、合作学习为主,充分发挥学习者的主动性、积极性与创造性。

①网络师生互动与课堂师生互动的比较

吉尔伯特(Gilbert)和穆尔(Moore)将师生互动分为社会互动和教学互动。社会互动指那些没有教学意义,但具有文化含义的活动。这些互动是有情感的,表现为许多互动是通过语言、语调和面部表情来进行的。而网络互动则比较缺乏感情上的互动。社会互动可能对于教学目标的实现没有直接的作用,但对于营造学习氛围可能会有间接的作用。另外,学生对课程中的社会互动的有效性感知会影响学习效果。教学互动包括和教师对教学内容的控制与学习者对教学内容呈现和反应的控制相关的因素。在面对面课程中,教学互动明显存在于教学所做的改正和调节中。好教师会运用适应性行为(例如,放慢教学的节奏,个性化地提问,提供反馈,选择性地解释)去满足学习者特殊的要求。

传统的面对面课程中,师生互动的过程是同步的,并且在教室等物理空间中进行。而在网络情境中,师生对话在虚拟空间中进行,既可以是同步的,也可以是异步的。虽然一些交流工具是同步的,但大多数课程都是通过异步交流工具来开展,因为异步工具能为师生的交流提供更多的便利。异步交流也允许师生在回复帖子之前,对某个主题或者观点进行核查或者进行更深入的思考。

(张艳红,2018)

②内在规律分析

通过前期研究和大量实践,研究者们探索出了教师与学习者之间互动的内在规律:一是混合式学习以学习者为主体,以良好的学习效果为宗旨。混合式学习遵循“以学习者为中心”的原则,学习者将线上学习与线下学习相结合,学习方式更加多样化。学习者不仅仅是知识的消费者,更是知识的生产者和创造者。二是混合式学习的开展以教师为主导。教师在混合式学习中承担更多的角色,不仅是课程的设计者、主导者、实施者,还是学习的指导者、促进者。在线讨论中,教师的参与更能激发学习者的学习兴趣。

③混合式学习中师生互动存在的问题及成因分析

混合式学习的学习过程较为复杂,学习者的学习方式较多,线上学习时间和参与较为随意,导致混合式学习的师生互动存在一系列的问题,如教师主导作用发挥不足,非实时互动造成学习者遇到的问题无法及时处理,不同学习风格的学习者对新学习方式的适应差距较大,学习支持服务不足,互动氛围营造不够,讨论方向缺乏引导,师生互动频率高但质量不足。形成这些问题的原因很复杂,与教师和学习者的参与程度息息相关。教师在其中的相关度最大,因为教师的行为习惯很大程度上能决定整个互动氛围的营造。当然,与所有学习者的学习风格也是分不开的。在混合式课程实施中,教师也发现了上述问题,通过进一步的实验总结了一些经验技巧。比如,在课程开展的不同阶段,教师参与互动的角色有一定的转变:从课程开始时破冰活动中的主导者,到课程中互动频繁时退居幕后的倾听者,再到课程最后作为主导者进行总结。这种角色之间的灵活转变对于教师而言也是很大的考验。何时需要及时回帖答疑,何时不需要回复,任由学习者们自由讨论,都需要教师合理地去把握和平衡。(范荣,王燕,延星等,2018)

影响混合式学习中师生互动的几个常见要素是:

A. 环境因素

如今,网络媒介在教育领域广泛渗透,异步或同步网络交流,为学生提供了参与学习活动的机会。教室和网络环境究竟有哪些区别?两者除去结构上的不同,在心理上也存在区别:a. 承诺和规范。和面对面上课不同,网络教学环境通常不需要建立以下规范。例如,在虚拟环境中,学生可以选择不去看自己所提问题的答案，他们不会因为没有积极参与而受到批评。b. 社会化、学生的角色和自我期待。班级规则的社会化在学生生活中开始得非常早，而在网络环境中，可能开始得更迟，网络环境中的自我期待的程度要低于教师环境中的自我期待。c. 社区感。在面对面的课堂中，有多条途径可以帮助建立社区感。而在网络环境中，这些途径的影响作用降低，教师需要努力去建立社区感。d. 因为交流不同步，所以网络环境能提供给参与者更多思考的时间。这也给教师及时判断学生学习情况带来了一些不确定因素及难度。

B. 人格特质

杨洋等人发现，外向型人格特征与互联网服务偏好之间不存在显著的交互作用，但是随和性与互联网服务、社交服务偏好具有显著的交互效应。柏格尔(Berge)发现，网络环境更适合外向的学生。通常，外向的教师感觉通过网络来教学很困难，因为在这里没有身体语言，非语言线索也很少，学生的个性只能通过文本或者语音有限地来表达。与此相反，非外向的教师可能比较喜欢在线互动这种方式，因为他们可以花时间去精心答疑，从而对学生的帖子做出更好的回复，并且能够充分发挥他们在面对面教学中没有发挥出来的一些作用。

C. 教师能力

教师能力其实包含很多方面，如教学风格、教师的移情能力与可信度、教师的管理与交流能力、网络交流技术等。安德森(Anderson)提出了促进网络互动的因素：学习设计和评价、教师管理和技巧、学习者的电子读写能力、同伴相关学习。其中，在教师管理和技巧这一方面，贝克(Baker)的研究表明，如果有更多的教师整合相关的支持性语言并集中运用到师生在线互动中，就会有更多的学生从网络学习的体验中有更大的收获。当教师采取促进人际鼓励或者社会融合的策略时，师生之间便会产生良好的互动。坦纳(Tanner)和琼斯(Jones)也强调了教师支架的作用。同时，教师在网络上及时地回复也是一个重要的实际因素。研究发现，教师的及时反馈会直接影响师生的互动，如果教师的反馈不及时，学生容易产生网络学习的孤独感。当教师反馈不多或者过于模式化时，学生也会感觉不满意和被孤立。

D. 学生互动的目的与学习状况

以往研究者主要侧重于从教师因素着手，从教师的主体地位这个角度去进行考察，从学生因素入手的为数不多。Blocher、Mahes 等人考察了学生感知到的基于网络的课程互动。通过调查学生对网上课程互动的观点,他们发现大部分学生认为互动的主要目的是完成某个任务或者满足某一需求。结果表明,学生将感知到的互动作为目标导向,进而影响其与教师的下一步的交往与互动。其他研究表明,学生学习经验的丰富程度和成绩的优异程度都是影响网络师生互动的主要因素。

2. 师生互动的策略

(1)明确主体角色定位

混合式学习中的参与主体一般包括教师、助教、学习者、教研员、学科专家等。教师是混合式学习中的“主导者”,一般负责混合式课程设计及主要的教学工作。助教是混合式学习中的“辅导者”,一般负责解决课堂中及开课前后学习者在线学习中课程平台的使用方面的疑问、学习内容方面的问题等。学习者是混合式学习中的“主体”,需要按照课程要求完成相关的学习任务,包括观看学习视频,完成在线讨论以及课堂测试等,必要时可向老师和助教请教。教研员和学科专家一般在课前和课后参与课程教研工作和其他的相关研究。在开课前,所有参与主体明确各自的角色定位是非常有必要的。教师需要带领学习者学习课程大纲及评分标准,使参与者充分了解课程结构及学习活动的设置,帮助参与者在互动中发挥各自的才能和作用。

(2)设计破冰活动,营造良性互动的氛围

提高混合式课程学习质量的关键是提高师生互动的质量,其根本就是要营造积极良好的互动氛围。让教师、助教、学习者之间迅速地熟悉并建立信任感,对于课程设计者以及教师来讲是很大的考验。当然,在线学习以及 MOOC 中很多案例中的经验是可以借鉴的,比如在开课之前开展破冰活动。一般情况下,破冰活动包括教师及学习者的自我介绍、个人经历的分享、专业领域的认识、个人研究兴趣的介绍等。通过认识和了解,学习者既可以很快熟悉起来,也可以根据个人的学习兴趣自由结交学习伙伴和组成交流团队。同伴支持和情感寄托亦会让学习更加专注和持久。破冰活动中,如果在线下,可以直接面对面地介绍,还可以做一些破冰的小游戏;如果在线上,可以直接在交流区发布破冰任务,让学习者充分参加在线讨论和互动交流。

(3)拟定互动的支架问题,增加互动的针对性

在互动之前,教师需要根据具体的教学情境拟好讨论互动的支架问题,为

学习者提供必要的学习支持和帮助,提高互动的趣味性、积极性和有效性,这是教学互动顺利开展的前提。在设定支架问题时,最关键的是问题表述应简洁明了,必须能帮助学习者应用所学习的内容,能引起学习者的深度思考,促进学习者创造性思维和高阶思维能力的培养和发展。支架问题的设置应当遵循相关的原则。一是引导性原则。支架问题一定要有建设性的引导意义,引导互动走向正确、积极、深层次的要求,避免互动的无方向性。二是开放性原则。支架问题的答案不能千篇一律,而是开放性的,即"仁者见仁,智者见智"。各种想法相互融合才能迸发思维的火花,帮助学习者多角度地思考问题,避免互动的单一性。三是渐退性原则。在学习者能独立完成思考和学习任务,并能主动积极参与讨论时,支架问题可以逐渐退出,留给学习者更多的思考空间和讨论的自主性。

(4)制定互动评价标准,及时反馈与总结

混合式学习中,线上互动必须包含学习者参与互动及讨论的评价标准,从而使学习者更好地参与学习活动。在线讨论中,互动的评价标准应包含互动的参与度及在线讨论的贡献度等方面,参与度主要体现在学习者发帖及回帖的数量上,而贡献度主要表现为学习者的发帖是否为有效帖,是否有深度的思考和总结,是否能引起其他学习者的广泛讨论等方面。对于学习者的讨论互动情况,教师应当及时总结归纳,并给予反馈。在混合式课程中,由于学习方式较为复杂,教师应采取适当的措施,如奖励意见领袖及学习积极、有突出表现的学习者。教师可以加强学习激励和学习支持服务,在适当的时候,也应做好学习干预,从而提高学习者的积极性和自我效能感,保证混合式学习的顺利开展,提高混合式学习的质量。(范荣,王燕,延星等,2018)

5.2　评价

评价是教学设计中至关重要的环节,传统的教学设计强调以教学目标作为主要参考对象。如何利用混合式教学的优势来形成多元化、多层次的有效评价体系,将教师的教和学生的学有机结合,将线上的异步反馈和课堂的即时反馈有效地结合以提升教学和学习的效果将是当下混合式教学实践中的重点和难点。

5.2.1 研究现状

1. 国外研究

通过对外文期刊的查阅可知,Ellis 等人在 2007 年通过对使用学习管理系统平台的七所大学进行比较,得出一套混合式学习环境下质量保证的最小化标准的评价指标体系。他们指出,学习管理系统平台的质量保证与参与大学所拥有的领导力、政策制定、发展和评价等因素有关,并对这些因素进行了评估。VietAnh Nguyen 在 2016 年通过同伴评估的方式,构建了一种混合式学习学习者的评估模型。他指出混合式学习活动主要通过面对面课堂的教和在线学习管理系统平台的学来开展。为了更准确地评估学习者,他还进行了多阶段评估:首先,学生自评;接着进行组内评价和组间评价;最后教师对每个小组进行评价并给出成绩。该研究旨在加强学习者之间的合作交流,提高团队协作能力,便于教师更加准确地评估每个学习者。Katerina、Kabassi 等人重点介绍了学习管理系统平台在希腊高等教育中的应用。研究指出,爱奥尼亚岛屿技术教育机构从学生、教师、课程、技术、系统设计和环境六个维度,对学习管理系统平台进行评估。结果显示,学习管理系统平台在爱奥尼亚岛屿技术教育机构中已被成功地用于混合式学习。课程在采用混合式学习方式时,学习管理系统平台作为一种辅助工具,帮助学生观看错过的课程,从而更好地提高学习效率。通过查阅国外文献可知,关于混合式学习评价的研究尚未形成完整的理论体系,且混合式学习评价的开展均是在学习管理系统平台上进行,并通过设计调查问卷的方式来进行实证研究。

2. 国内研究

我们在中国知网(CNKI)数据库中,以"混合式学习"和"评价"为关键词进行文献检索。分析可知,混合式学习评价是依据学习目标和要求,综合多样化的评价方法和评价手段,对学习效果进行的评价。混合式学习评价需将形成性评价和总结性评价相结合,把在线学习评价和面对面课堂教学评价相结合,同时重视作品评价。目前,关于混合式学习评价研究的文献较少,研究内容主要涉及混合式学习的学习效果评价、教学质量评价、评价模型的建构等。其中,高瑞利在《混合式学习评价体系的设计与实践》中提道:从课堂学习和网络学习两个方面,设计出评价混合式学习中学习者的评价体系。柯清超在《混合学习的评价方法——以中小学教师教育技术能力培训课程为例》一文中，从混合式学习的评价原则、评价要素、过程、方法和工具等角度建立了评价设计的基本框架。唐文秀等人在《混合学习五维评价模型的构建与应用——以“现代教育技术”公共课为例》中，从学习过程、学习效果和学习态度等全新的视角，构建了混合式学习的五维评价模型；从参与度、交互性、适应性、满意度和效果度五个维度来评价学生，改进混合式学习设计，提高学生的学习效果。由于学生自我管理能力较弱，因此学生在网络平台上交互不强，情感体验缺失，课后参与网络课程的主动性较弱。张睿等人在《SPOC 模式大学物理混合型教学的学习效果研究》一文中指出，学生进行在线学习时，他们的自控能力较差，若缺乏有效的监督，将致使线上学习效率较低。

5.2.2　混合式学习的评价特点

在传统课堂教学中，教师按照固定的时间安排，组织固定人数的学生到固定地点进行教学，借助黑板、课件和影视资源面对面地对学生讲解知识点，学生被动接受知识，做笔记，并进行问答。传统课堂相对单一的教学方式大大降低了学生课堂学习的积极性和热情。网络在线学习则是学生通过网络虚拟教室跟随教师进行学习的活动。教师在网络学习平台上传学习计划安排、学习通知、学习内容、学习任务、文档、视频及课件等。学生在教师的指导下自主选择时间或地点进行学习并完成相应测试，遇到疑难问题时在平台发布，求助于同学或教师，随时随地进行交流。教师可以了解学生知识与技能掌握情况，进行有针对性的交互式教学。这种教学模式虽然满足了学生个性化、碎片化学习的需求，但时空分离，教师不能对学生的学习能力和学习行为进行及时监控，学生的学习自主性欠缺。

混合式学习结合两种学习方式，弥补了线下与线上学习的不足，丰富了学习内容，优化了教学模式和学习环境，同时，还能及时、客观、公正地评价学生的学习效果。混合式学习环境下，如何有效监控与管理，进行科学多元化的评价，日渐引起广大学者和教师的重视和关注。只有做到了及时监测学习效果，及时评估并修正教学设计，才能达到优化教学效果、提升学习效率的目标。

5.2.3 常见的评价类型和体系

1. 动态评价

除了终结性评价与形成性评价,教学过程中还可以推广动态评价体系与多元评价体系,以更好地适应时代发展对教学提出的要求。

在过去的很长一段时间,我国的教学评价体系以心理计量学为理论基础。因这种评价体系提供的是关于学生在单一时间点上的测验表现或成就的相应信息,故被称为"静态评价"。静态评价以评价者为中心,着重评价学习的结果,描述个体已形成的能力,因此很难将课堂教学评价应有的诊断、导向、激励等功能发挥出来。这既影响了教育目标的实施,又严重阻碍了学生的个性发展以及综合素质的培养,难以满足当今社会发展对复合型人才的需求。

动态评价(dynamic assessment,简称为 DA)是最近二三十年在西方兴起的一种新的评价理论,是与静态评价相对的概念。具体来说,动态评价从动态历时的角度出发来评价个体的认知与元认知过程,并运用交互方法对个体的潜能进行评价。在这一过程中,学习者既可以与教师共同进行课程的设计、实施和评价,也可以直接介入自己的学习过程。此外,学习者还能够以协作的方式参与课程学习和作业设计,而课程的设计也充分考虑学习者对可输入信息的能动选择(如开放式课程设计)。因此,动态评价不仅可以对个体学习者的潜能进行评价,还有利于促进个体认知能力的提高,从而使评价由传统静态评价的"结果导向"逐渐向"过程导向"转变。(陈丽竹,2018)

2. 多元化评价

混合式教学的特征决定了其评价体系不同于传统单一考试评定学生的终结性评价方式。混合式教学强调学习者的个体性、主体性、多元性,其评价体系也应采取多元化的方式,反映学生语言发展状况、参与程度、自主学习能力、合作能力、创新能力、学习策略、学习态度等多种素质,从而大力促进语言学习从知识灌输型到能力培养型的转化。(曾一轩,2019)

多元化评价是针对以笔试测验为主,存在标准单一、方法单一等不足的单一终结性评价提出的。终结性评价虽然是检验教学成果的重要手段之一,但是却无法对教学过程进行监测与评估,造成部分学生在学习过程中体验过多的失败与打击,导致学习自信心下降,进而引起学业水平下降。多元化评价从学生发展多样性、动态性出发,整合、协调各评价主体,运用多样化评价方法,多视角、多层面、多侧面地对学生学习进展、行为变化、情感、态度进行全面的评价。多元化评价的目的是激励学生的内在发展动机和学习热情,促进学生的个性化发展,培养学生终身学习的能力,实现其自身价值。

多元评价的理论基础是美国心理学家 Gardner 提出的多元智能理论。该理论认为,学生智能发展具有个体多样性和差异性,评价应侧重发展的过程。同时,混合式教学模式属于多元化的教学设计,单一终结性评价已无法与之相适应。因此,对内容、标准、方式进行动态、平衡、多元的评价已是大势所趋。在部分高校实施教学改革前进行的课程需求问卷调查中,80.45% 的学生希望采用形成性评价的模式来监测课程学习,反对"一卷定结果"。

多元评价是指评价主体的多元性、评价手段的多样性和评价标准的多维性,即有教学管理者、教师、学生等共同参与。采用形成性评价与终结性评价、传统测评与网络测评、互动式测评与常规测评,以及教师评价、学生自评与学生互评等方式,收集信息并利用相关信息对教学、学习和课程等进行全面综合评价。它不仅关注教学成果和学生成绩,更关注课堂教学环节和过程,关注学习者的自我反思和自我教育。也就是说"互联网 +"环境下的多元教学评价是一个灵活开放、多维立体交叉、多项组合的评价体系,它包括课堂教学评估、学习档案、学习日记、问卷调查、师生座谈会和访谈、督导检查、校内考试与校外统考等。在教师、学生共同参与评价的过程中,学生既是教学评价的主要对象,又是评价的重要主体之一。评价者与被评价者处于平等地位。

多元教学评价是自主学习与互动教学两种行为汇合的媒介,是维系二者之间有效关联与可持续发展的纽带。它是在主导式自主学习与互动式教学所构建的外语教育体系内展开的,以主动认知与互动体验为自身存在价值的描述对象,全程监督、实时检测、及时反馈、正确引导,因此它必须体现教与学的外在形式特征,必须符合教与学的内在本真诉求。(黄燕鹃,2018)

3. 学习效果评价

(1)涵盖线上和线下学习的所有过程

混合式教学模式下,学生学习效果的客观评价是教学评价的重要一部分。通过梳理近几年的相关文献,发现大部分学者都根据自己的学科和课程特点建立了综合的评价指标体系,尽管学者们的指标体系所构成的内容不同,但基本都涵盖了线上学习和课堂学习的整个过程,其评价分值涵盖了整个学习过程的成绩。薛文玲和李兰提出要从学习过程和学习结果两个角度对学生的学习进行评价。崔坤鹏认为要从预习、课堂、课后和期末四个方面去评价学生的整个学习过程。苏命峰指出对学生学习的评价应该包括形成性评价和总结性评价两部分,其成绩各占一半,形成性评价分为课堂教学和线上学习两部分。对于线上学习过程,大部分学者认为可以通过计算机对学生登录线上平台的次数、观看视频的时间、线上学习讨论的参与情况等来进行评价。

形成性评价重点考查学生在线学习、课堂讨论、参与学习社区互动、作业提交、专题报告展示及专题视频收集或制作等情况。除传统的期末笔试外,部分英语课程的终结性评价专门设置期末口试,全面考查学生英语的综合应用能力。

(2)包含学习态度、能力等因素

学生的学习不仅包含对知识的学习,良好学习习惯的形成及能力的培养等相对隐性的因素也应该是学习效果评价的重要组成部分。钱宇华和许会芳认为学生学习包括学习态度、学习过程和学习效果三部分,这三部分都应该是学习效果评价的依据。裴小琴提出要从知识、能力、态度三个角度去评价学生。于洪涛指出混合式学习评价体系需包括学习态度、合作交流、实践能力、学习成绩四项一级指标。江璜提出要从学习参与度、协作交流、学习效果三个方面对学生的学习情况进行评价。

(3)评价指标分值应根据课程特点灵活设置

因为不同类型课程的教学目标不同,不同教育层次的教育对象也不同,所以学生学习效果的评价也应当有所区别,其评价指标的分值应该根据课程特点灵活设置。

(4)传统期末考试仍应该是主要考核方式

在对待传统期末考试方面,大部分学者认为,混合式教学模式只是教学手段和方法的改变,传统期末考试仍应该是主要考核方式。张文平认为线上学习的目的是帮助学生更好地学习原有的学习内容,因此传统期末考试仍然应该作为考核学生成绩的主要方式,但是在形式上可以采用电脑组卷的形式进行。金培玉也认为传统期末考试依旧非常重要,期末试卷成绩占比70%,网络自主学习评价占比30%。其中网络自主学习是根据学生的出勤情况、学习内容和学习时间来打分的。

(5)学习效果评价主体应多元化

传统学习效果评价一般都由教师主导进行,教师的考评任务会比较繁重。在混合式教学模式下,教师可以通过计算机辅助考核来减轻自己的负担。譬如学生可以通过电脑来做预习测试和课后测试,这些成绩可以作为学生学习效果评价成绩的一部分,虽然电脑测试在客观题评卷方面具有较大的优势,但是在主观题方面,电脑无法代替老师。教师对学习效果的评价主要侧重期末考核及平时不易量化的主观题部分,如对学生网上提问质量的评价和学习课堂反馈等方面。第三方评估单位也可以作为评价主体,如竞赛协会等对实践更加了解,在实践性课程的评价方面具有较大的可信度。除此之外,同学和学生本人也可以作为评价主体,学生之间互评作业,学生也可以对自己的作业或学习任务完成情况进行自我评价。这些评价成绩占总成绩的比例可以适当降低,以凸显教师在评价过程中的重要性。

混合式学习效果评价采用线上监测与线下考核并进、定性与定量评价相结合的方式进行,更加注重对学生在整个学习过程中状态的监控与评价,强调自主学习能力、团队协作能力、深度学习能力、创新能力等能力的提升,并且结合线下的面对面课堂教学评价模式,从而得到最终的评价方案。混合式学习模式下的学生评价需要评价学生的线上学习和线下学习,包括教育者对学生的评价和学生的自我评价。学生评价的内容包括陈述性知识、程序性知识以及学习后的情感变化等,并呈现诊断性、形成性和结果性等特征。

4. 混合式学习绩效评价框架

(1)构建原则

在教育评价理论中,绩效评价是指“测量学习者运用先前所获得的知识,解决新异问题或完成具体任务能力的一系列尝试”。混合式学习的绩效评价既关注在线学习课程和在线学习活动,也关注面对面课堂教学活动,其目的是能够利用在线学习和面对面课堂学习的资源,优化教学过程,提高教学质量。为了构建一套相对科学、合理、可行的混合式学习绩效评价指标体系,研究过程需遵循以下三条原则:

①科学性原则

科学性原则要求混合式学习绩效评价指标体系能够测试混合式学习的学

习效果。首先,依据混合式学习的概念,绩效评价指标体系应该反映混合式学习方式与在线学习和面对面课堂教学相结合。其次,通过专家访谈和调查问卷的方式,来确定混合式学习绩效评价指标体系的二级指标,突出混合式学习过程中教师的主导作用和学生的主体地位,使得在线学习和面对面课堂教学的优势能够有机融合,达到优化教学效果的目的。

②可操作性原则

可操作性原则要求混合式学习绩效评价指标体系的内容和形式应具体、明确、清晰,便于操作,使评价者和教师均能接受,以增强评价指标的合理性和可行性,保证和提高绩效评价效果。例如,对于学习者来说,混合式学习绩效评价不仅包括外部评价,还应包括自我评价,因此,需要制定详细的评价指标体系,以便学习者对照指标开展评价,避免在评价时出现模棱两可的现象。

③整体性原则

整体性原则要求混合式学习绩效评价指标体系尽量完备和全面。在评价内容方面,混合式学习的绩效评价,不仅要注重在线学习的评价,也要重视面对面课堂教学的评价,在评价过程中实现在线学习和面对面课堂教学的有效结合。评价方式不能过于单一,不能只注重学生的学习结果,还需要将形成性评价和总结性评价相结合。此外,评价主体也要多元化,不仅要体现学生在混合式学习中的主体地位,还要体现教师的主导作用。

(2)混合式学习绩效评价指标体系的构建方法

美国运筹学家——匹兹堡大学的萨迪(Thomas L. Saaty)教授在20世纪70年代初提出了层级分析法(AHP),它是一种将系统化、层次化、定量和定性相结合的分析方法。即先将复杂问题分解为多个组成因素,再按支配关系将各个组成因素分组,形成递阶层次结构,并通过两两比较的方式确定各层次中诸因素的相对重要性,最后通过综合决策者的判断,来确定决策方案相对重要性的总的排序。该算法将人类对事物的主观想法转变成数字化数据,且把定性的判断进行量化处理,主要应用于复杂的对象,把定量分析与定性分析相结合,能够处理许多用通常的最优化技术无法着手解决的实际问题,且分析时所需要的定量数据不多,对问题的本质、问题所涉及的因素及其内在关系分析得比较透彻、清楚。

混合式学习评价目前一般采用调查问卷法进行,评价方式单一;国内外对于混合式学习的评价主要侧重于定性方面的研究。而对混合式学习绩效评价指标体系的构建主要采用层级分析法,对混合式学习评价进行定性与定量相结合的分析,可获得一种相对科学、可操作和可行的混合式学习评价方案。

刘艳等人对在混合式学习领域发表多篇权威性学术文章,有丰富研究经验的四位专家(分别用 A、B、C、D 来表示),进行了访谈并发放调查问卷。其中,专家 A 和专家 B 在高校课程中应用社会性软件来进行混合式学习的研究:专家 A 期望通过研究来提高学习者的学习参与度,提高学习者的学习能力;专家 B 期望通过研究来解决传统课堂上存在的教学课时少、师生课外互动少以及学生专业技能培养欠缺等问题。专家 C 的研究主要是针对在线学习的交互进行评估,他期望通过对在线交互式学习效果进行监控,提高在线学习的质量。专家 D 主要针对高职院校学生,进行混合式学习协作能力的发展研究,促进学生对知识的掌握和小组协作知识建构,提高学生的协作能力。专家们一致认为,通过混合式学习进行课程学习时,面对面课堂教学所占的比重应该大于在线学习。

(3)混合式学习绩效评价指标构建

根据混合式学习中学习者学习方式的不同来制定一级指标,包括在线学习和面对面课堂教学。其中,在线学习二级指标的构建,借鉴了香港公开大学张伟远、王立勋等人提出的网上教学环境评定指标体系,该体系包括网上教学设计、网上课程内容、课程的网站设计、课程安排的灵活性、学生之间的互动、教师的网上教学支持、运用网络技术的支持以及网上教学的评估八个维度,在每个评价维度下又有 8 ~ 12 个指标不等。同时,在线学习指标体系的构建,还借鉴了詹泽慧在《混合学习活动系统设计:策略与应用效果》一书中所提出的混合式学习中在线学习活动分类,包括在线讨论、资源分享、协作作业、提问答疑、评价反思和社会网络六类。面对面课堂教学二级指标的构建,借鉴了赵呈领等人在《混合学习模式教学绩效影响因素研究——以“现代教育技术”实验课程为例》一文中提出的教学绩效的影响因素,以及肖婉等人在《混合学习研究领域的前沿、热点与趋势——基于 Citespace 知识图谱软件的量化研究》中提到的观点:“混合式学习中学习体验和学习效果的研究,应从学习者的参与度、知识建构程度、社会化发展、自我管理以及情感体验等具体维度来开展实证研究。”通过访谈、问卷调查、层级分析法来计算各指标项的权重值,最终建立了一种混合式学习的绩效评价框架,见表 5 - 1。

表5-1　混合式学习绩效评价各级指标(刘艳,2017)

一级指标	二级指标	描述
在线学习	在线课程目标	采用混合式学习方式时,在线课程教学的目标是否明确
	在线课程内容	采用混合式学习方式时,在线课程教学的内容是否科学、充实,重难点是否突出
	线上交流互动	在采用混合式学习方式的在线课程教学过程中,学习者是否参与线上交流互动
	在线学习支持	采用混合式学习方式时,在线课程教学的线上学习支持是否齐全
	自我管理	在采用混合式学习方式的在线课程教学过程中,学习者能否有效地进行自我管理
	情感体验	在采用混合式学习方式的在线课程教学过程中,学习者是否能够获得情感体验
	作品展示	在采用混合式学习方式的在线课程教学过程中,对学习者的学习成果进行展示
	在线学习评估	在采用混合式学习方式的在线课程教学过程中,对学习者的学习过程进行评估
面对面课堂教学	前端分析	在采用混合式学习方式的面对面课堂教学之前,分析学习者的在线学习情况
	教学目标	在采用混合式学习方式的面对面课堂教学过程中,依据在线学习的学习情况来制定教学目标
	教学内容	在采用混合式学习方式的面对面课堂教学过程中,依据在线学习的学习情况来设置教学内容
	教学方法	在采用混合式学习方式的面对面课堂教学过程中,依据在线学习的学习情况来采用不同的教学方法
	教学媒体	在采用混合式学习方式的面对面课堂教学过程中,依据在线学习的学习情况来选用适当的教学媒体
	教学活动设计	在采用混合式学习方式的面对面课堂教学过程中,依据在线学习的学习情况来设计教学活动
	师生互动	在采用混合式学习方式的面对面课堂教学过程中,师生互动是否主动和积极
	教学评价和反思	采用混合式学习方式的面对面课堂教学过程中,对教学过程进行评价和反思

5.2.4　混合式大学英语教学中的评价

1. 原则

我国大学英语教学的目标是将基本语法知识，听、说、读、写、译技能和语言文化有机结合，培养学生综合运用语言的能力，在实际教学中注重培养学生的自主学习能力、探索能力，开阔视野，提高文化素养。根据布鲁姆的教学分类目标理论，教学活动要实现的整体目标包括认知领域、情感领域和心理运动领域三个领域；大学英语混合式教学目标分为认知目标、技能目标和情感目标三个方面，这三种目标构成大学英语学习者的核心素养，贯穿于整个学期的学习。在混合式教学中，在对大学英语课程进行评价时，需要将这些核心素养逐一进行量化，采用具体的评价项目和方式，构成完整的教学设计，体现出评价体系的多元性。

坚持线上评价与线下评价相结合的原则。最后的课程成绩以平时成绩为主要依据，除了课堂参与情况，增加对线上作业完成情况的评价。其中线上考核可以侧重线上作业完成情况、讨论参与情况、教学资源阅读情况。另外，网络教学平台可以有效地创新测试手段，进行大规模的计算机测试和评估，并能有效地保存测试数据，节省大量的时间和成本，也使得评估过程和手段更为科学合理。

坚持形成性评价与终结性评价相结合的原则。传统的大学英语课程评价是以终结性方式进行的。终结性评价最大的弊端是重结果，轻过程，不利于得到真实的反馈信息，也不能做出有价值的判断，无法及时调控，在评价过程中无法避免主观因素的影响，比如教师对学生课堂上的表现、问题回答情况打分，小组协作中对组员打分等都带有很强的主观性。教师对学生学习的评价采用形成性评价和终结性评价相结合的方式，评价应尽可能地公平、公正、科学、合理。对使用混合式模式学习的学生，可以适当加大平时成绩的课程成绩构成比例。对于使用混合式模式学习的学生，原来按照期末测评成绩作为课程成绩的考核方式，转变为平时成绩与期末测评成绩分别占50%的考核方式。课堂上的综合表现在平时成绩中占40%，网络作业完成情况、线上讨论参与情况、学习材料浏览情况共占60%。混合式英语教学改变了终结性评价方法，引入形成性评价机制。使用网络学习平台后，学生学习及考核的阶段性数据得到积累，并能有效地在统计报表中反映出来。因此在这些数据的基础上,可以开展形成性评价,使评价更加客观、便捷,内容更加多样化。学生在电子学习平台上的参与度和贡献可以作为形成性评价的基础。这种多元化评价手段不同于只注重结果,不注重学习过程的传统考试模式,更具有合理性、连贯性和客观性。它有利于学生把主要精力用于扩大知识面和灵活运用所学过的知识,而不是死记硬背书本内容。形成性评价的优势可以归纳为以下两个方面:

(1)加大形成性评价力度有利于学生的英语学习

加大形成性评价力度能够督促学生养成良好的学习习惯,改善他们的学习方法,使他们的学习更具有计划性、自我监控性和自我评估性。当他们了解了形成性评价后,会对所取得的成绩或存在的不足进行自我积极评估,反思自己的学习行为,调整学习方法和策略,从而提高自我学习能力。

(2)网络为形成性评价提供了便利

在学期初,学生对平时成绩的构成有了清晰的认识,并知晓形成性评价的项目,会愿意在英语学习上花更多的精力。他们切身感受到在"互联网+"时代多样化考核方式带来的效果,如利用在线学习平台丰富了学习手段,可以随时随地进行在线学习,内化课堂知识,拓宽视野,实现时间和空间上的学习自由;多样化的课堂活动需要查阅大量资料,而互联网为学生提供了巨大的便利,他们可以在短时间内搜集、筛选、加工自己感兴趣的素材,并在课堂上展示或分享。这激发了他们的学习热情,加强了学生之间的交流合作,培养了团队精神。同时,利用互联网进行的在线测试可以让他们及时看到反馈,吸取经验。另外,教师在参照学生自评成绩给定课堂表现成绩的同时,了解了学生在课堂及课后的学习情况,拉近了师生之间的距离。这种线上与线下、传统课堂与互联网结合的方式丰富了形成性评价的考核手段。这也对教师提出了更高的要求。加大形成性评价的力度需要教师投入更多的精力去认真备课,使课堂生动有趣,课堂上要有大量的输入材料才能让学生有输出的动力。对于学生的活动,教师应该及时点评。同时,教师应熟练掌握互联网学习平台和在线测试的操作,借助互联网平台及时解决学生学习中遇到的困难,并在线共享课堂教学资源及学生作业资源,发挥学习平台在形成性评价中的引导作用。鉴于形成性评价项目增多,在项目实施过程中,教师可以对学生进行分组,每组由一位学生负责统计各项得分,最后汇总各项成绩,并与教师汇总的成绩进行核对,从而保证各项成绩的客观性和准确性。

形成性评价是检查学生学习成果和教师教学效果的有效方法之一，是教学不可或缺的一个重要环节。其根本目的在于及时了解学生的学习情况，改善教师的教学效果。而在“互联网＋”时代利用好教学资源、在线学习平台、在线测试平台可以使形成性评价方式多元化，对提高教学质量，激发学生学习的主动性，保障平时成绩的客观性，促进教风、学风建设有着重要影响。平时成绩的评定从“单一”向“多元化”转变，能有效解决学生人数多，平时成绩评定主观性较强等难题，使平时成绩的评定更为客观。互联网和形成性评价的助推作用有利于将学生“要我学”的态度转变为“我要学”，化被动学习为主动学习，提高其学习能力。

2. 大学英语混合式评价体系的构建

外语教学的评价必须充分考虑各种影响因素，如社会对外语能力的要求、外语教与学的条件、师资水平、教学目标、教学手段、学习者的智力和非智力因素，才能充分发挥教学评价对教学的诊断、导向、激励、反思、改进、鉴定、咨询、决策功能与反拨作用。由现代信息技术强势介入而生成的外语教学新现象、新特点、新环境和新模式势必导致外语教学评价体系内部重新调整、优化组合，如评价方式、评价标准及程序的调整，以适应新的教学模式，确保新环境下外语教学实效性的稳步提升和外语教学改革的有效推进。

在实际教学中，能否进一步深化外语教学改革，不仅取决于教师的教学方法、教学手段以及学习者的学习策略、学习动机，也取决于与之相匹配的教学评价模式的多元性，将教与学纳入以评促学、以评促教、学教并重、高效地实现预定教学目标的轨道。（黄燕鸥，2018）

大学英语一般采用终结性评价和形成性评价相结合的评价体系。形成性评价虽然包括出勤、作业、课堂表现等方面，但很难有效贯彻并持续下来。由于缺少评价工具，教师没法及时记录，使评价数据缺乏有效性和连贯性。而终结性评价方式对学生知识学习能力等方面通过标准化试卷进行定量测验，是一种客观评估。相较于对学习的支持程度，它更关注测验是否有效、可信。

基于混合式教学平台的大学英语课程考核，对评价指标进行了细化。形成性评价具体分值分配为：课前预习15%，课堂签到10%，课堂汇报15%，课堂提问20%，课堂测试20%，课后作业20%。课前，学生通过手机App预习教师上传到课程平台上的相关单元的视频等材料,系统会记录学生的预习情况。教师根据学生的预习情况,进行合理的教学调整。在课堂教学中,学生进行课前话题讲演,利用手机 App 里的课堂活动进行课堂签到、课堂提问、头脑风暴、课堂测试等,系统对学生的课堂表现实时记录、评价。在教学过程中,教师根据单元重、难点对学生进行提问,了解学生对知识点的掌握情况;教师根据学生的回答情况给予打分,系统会记录学生课堂回答问题的情况。课后,学生在手机 App 里完成教师布置的作业、成果展示及拓展知识练习等,教师及时批改并打分。最后系统会根据以上几方面,自动生成学生平时成绩。这种评价方式综合考虑了学生多方面的表现和反映学习完成情况的动态数据,能够对学生的英语学习训练成效进行准确、可靠的评判。

(1)效果

混合式教学平台改变了大学英语传统评价方式。教师借助云平台和手机 App 可以及时掌握学生自学、预习情况,结合课堂汇报、课堂表现、问题回答情况、课后作业完成情况等,客观地完成对学生的评价,并及时将结果反馈给学生。这样的评价方式,保证了课前自学、课内师生互动的有效性和学生学习的积极性。在混合式教学平台,学生提交的作业是文档、视频、图片、PPT 等,作业形式多样与以往需要教师批改的纸质作业以及模糊评价相比,即时评价具有更高的质量和效率。

(2)思考

在教学过程中,教师除了传授知识,还要通过情感去影响学生,进而形成师生之间的情感体验,这种情感会影响教学效果。在混合式教学评价过程中,不能因为有了教学平台和手机 App 这种信息化手段的加入,而忽视师生之间的情感交流。教师还应该用真诚的情感、正确的价值观去引导学生,这种情感和价值观贯穿于日常教学过程之中。一味强调信息技术手段,忽视情感的作用,教师和学生势必将沦为技术的奴隶,这会制约信息化教学的发展。

利用混合式教学平台这个智能化学习分析系统,形成学生学习全过程的动态评测数据,改变以考试为主要手段和以教师为模糊评价者的结果性评价,全面感知和记录学习过程的大数据并进行分析,才能精准评估学习成效。

5.2.5　构建混合式学习中多元考核评价模式

混合式学习是学习方法和学习资源的混合，要与学习者的特点与需要、学习行为、学习时机、学习方案、学习内容和学习情境等相配合。通过问卷调查，可以了解在利用互联网进行混合式教学的过程中，学生需要什么样的教学资源，这些资源是否能够满足，教师为学生提供的教学服务效果如何，教学平台的利用效率与学生的学习效果之间有何关系，学生的学习过程管理存在哪些不足。这些情况的把握可以帮助我们对混合式教学模式进行反思与改革，以适应学生的多元化需求。

多元评价强调在一定的期限内连续收集不同的资料以判断被评价者的能力，而不是根据一次测验结果来评判学生的学习成效。因此，对学生的评价应加大平时考核的比重，建立过程性评价与终结性评价相结合的成绩评价体系。过程性评价将课堂出勤率、课堂专注度、随堂小测验、课堂问题回答与讨论情况、课后作业、课后小组合作学习、小论文、调研报告、课外创新成果等内容纳入考核范围，增强创新意识和自主创新研究能力考核的权重；强调学生的自我评价、自我反思和自我管理的过程，利用电子学习档案对学生的学习数据进行挖掘与分析，跟踪学生的学习行为，使评价与学习过程融为一体。如借助网络技术，教师通过学生提交的作业完成情况、作品的质量、参与学习讨论的次数等对学生的学习过程形成客观公正的评价；学生根据自己的学习过程、对课程内容的理解与掌握程度进行自我评价，使教师更好地了解学生的学习态度、努力程度、对自己的肯定程度及对教学方法的支持程度；另外，同学之间也可以通过互动交流的情况进行互评。

完善有效适度的混合式教学评价机制。构建立体的多元评价体系，形成动态的双向互通评价机制。评价过程不再是由教师单向地评价学生，学生也可以对教师的教学水平、学习过程的合理性、学习资源的质量、学习环节的设计等做出评价，实现教师和学生的双向互通，教与学的平等交互，提高学生的参与度和责任感。另外，学生与学生之间也需要发生动态的双向互评。参与对学习伙伴的评价可以减少学习者自主学习过程中的孤独感，增强学习者的沟通能力和人际交往水平。（曾一轩，2019）

5.2.6 混合式学习评价存在的问题和难点

混合式学习模式下,学习者要充分地利用教室、教材、网络、多媒体等设施设备,与师生架构起双向甚至多向的沟通交流机制从而获得全新的学习体验,建构起自身的知识体系。同时,混合式学习要求学习者具有较高的认知水平和思维能力,较强的语言沟通能力和书面表达能力,一定的计算机和网络实践能力,较高的自主性和自我评价能力。从当前大学教育的特点可知,当代大学生显然与混合式学习的要求有较大的差距,而混合式学习已开始推广应用,且成为高等教育重要的发展趋势。成功实施混合式学习的关键是设计出科学合理的激励及考核方式,而前提是厘清混合式学习下学习者激励及考核的难点。

1. 学习者类型多样,激励需求难区分

高校学习者个人的经历、环境、智力、家庭背景等因素各不相同,导致自身的学习经验和学习素质各不相同,在此基础上形成的学习目的也不相同,每个学习者为自己建构的学习体系和目标也有差异,因此会形成不同的学习激励需求。由于教育对象复杂,因此对学习者进行分类及细分对应的激励需求比较困难。

2. 学习活动多样,学习过程难跟踪

混合式学习模式下,学习者会通过网络、课堂、实践活动等形式学习,学习活动存在于班级、小组、个人、师生之间,课堂上的学习过程便于记录,而网络学习、实践活动等学习活动在目前的教学条件下比较难记录学生发现问题、分析问题、解决问题的过程。在混合式学习模式下,如何通过过程性踪迹记录各项学习活动中学习者的成长过程,以便教师和学习者自身更了解学习情况?在前期的学习经历和学习效果的基础上如何制订可行的改进计划?对于这些问题,目前不少院校缺乏相关的实践经验。

3. 学习概念狭义,激励及考核方式单一

现行的学习激励机制存在几个问题:多倾向于学习成绩好的学生,偏重知识本身,学生公平感体验较差;忽视学生个性的需求;针对学生群体细分而设立的激励方式相对偏少;激励时机比较随意,时效性差,激励效果不理想;激励过度或者不足导致激励失当,教育和引导作用错位;据研究,影响学生学习效果的重要因素之一是情感因素,现行的激励机制重物质激励,缺情感激励。就考核机制而言,即使采用综合素质测评,考核内容也主要针对学生的知识水平和记忆能力;成绩考核占据相当大比重,对学生创新能力、实践能力、语言表达能力和交往能力评价甚少;评价方式过于注重量化指标;评价群体仍以辅导员、班干部为主体,同学、自身参与评价的比重过低。

根据现有的调查数据,混合式学习在部分院校的实施效果并不理想,有的学生缺乏参与的意识,积极性不高;有的学生认为混合式教学不但加重了自己的学习负担,有时甚至还达不到传统课堂教学的效果。在学校推行混合式学习过程中,目前的评价方式仍以期末成绩的总结性评价和老师的主观评价为主,评价指标比较单一,忽视了对学生学习过程的形成性评价、自我评价及学生之间的相互评价。因此有的学生认为老师的评价不够客观,不够全面。

第六章　混合式学习带来的变化与挑战

现有的实践数据证实,运用互联网进行英语教学可使教学内容化远为近,化虚为实、化静为动、化抽象为具体、化宏观为微观,使英语教学从单一模式向趣味性、艺术性和立体化多模态发展。“互联网+”信息技术等在英语教学中的广泛应用,以及随之带来的教学方法、教学过程、教学资料等诸多变化让混合式学习成为当下的趋势,这些因素综合作用的结果必然会促进教学效果的提升和学习效率的提高;与此同时,学习形式和内容的大幅变化势必给参与的各方带来多重挑战,这些都是混合式学习带来的变化与挑战。

6.1　变化

本节主要从教学资源变化、角色转变、教学过程的重构等方面,探讨混合式学习及教学给传统学习和教学过程带来的改变及由此引发的新问题。

6.1.1　混合式转向带来的变化

1. 教学资源的变化

混合式教学的开展,使教学资源不再局限于教科书。各种数字化教学资源层出不穷,不仅有数字音频、视频、多媒体软件、在线学习系统、数据库等可以购买、下载和使用,还有教师针对教学内容自行开发的各种资源和学生自己创作的各种资源。与传统的纸质教材相比,这些教学资源信息量大,实效性强,内容鲜活,便于获取、操控、处理和共享。对大学英语教学而言,丰富的语言学习资源增加了直接和间接的语言输入。多种渠道的资源从形式上改善了视听效果,有利于学生调动感官共同参与学习,使学习过程变得有趣,强化学生认真学习的主观意愿,从而达到增强学习效果的最终目的;开放的学习环境和资源为学生的个性化学习提供了有力的技术保障,能帮助学生多方位、多角度地看待问题,打破了以往依赖教科书寻求“标准答案”、被动接受教师“一言堂”的单一学习模式。教师也能让学生通过多种形式的思考、甄别、判断、选择,培养他们的批判性思维和创新性思维。混合式教学的推行带来的最直接的后果就是教师在教学资源的占用上不再具有优势，教师不再带着标准答案的练习来“考察”学生，因此，他们的“权威”被削弱，但是可以促使教师重新审视教学内容和教学过程，挖掘新的教学方式。教师在利用技术手段、整合教学资源方面有了更多的自主权，教师以教材为支点，提炼出主题，借助丰富的网络资源将具体教学内容向外扩展，筛选最适合学生的音、视频等真实语料用于教学，以最新的语料和时下热门的话题来调动学生学习这门课程的积极性。教学资源的变化一定程度上成为触发教师积极参与教学改革的内在动力。

2. 教学设计的变化

混合式教学绝不是将线上、线下教学进行叠加和排列组合，而是将线上、线下教学有效地对接。就大学英语教学而言，线下面授课堂有利于传授知识、交流情感，线上学习则有助于拓宽视野，培养自主探究能力。将两者的优势进行融合，对教学内容和教学过程进行再设计，是教学设计重构的宗旨。混合式教学不像传统课堂那样费时、低效，改变了教师独白式的语言课堂，教师要重新梳理每个知识点，采取灵活多样的教学方式。教师在课前将原有的课堂讲授的知识点分解并制作成短小的微课视频，提供给学生课前自主预习，必要时提供“前测”，检测学生对知识的掌握程度，帮助学生厘清难点，引起他们的关注和兴趣。在课中通过答疑、讨论和交流的形式，老师进一步明确学习目标和内容，学生对知识点进行理解、记忆、练习，并通过生生和师生的讨论交流进行自我反思。课堂教学结束前，教师要及时进行课堂小结，回顾学生应该掌握的知识要点和技能要素，最后对学生的学习效果进行评价性测试。相比“前测”而言，“后测”内容更全面，难度也更高。学生通过“后测”，了解自己对课堂教学目标的掌握情况，对仍然存疑的部分继续学习。

混合式教学设计是围绕学生开展的学习过程，不局限于某门课程的某个单元内容。教学活动也不再是单调的讲授与练习形式，学生有更多的机会参与形式多样的交流讨论。当然，教学设计重构对教师也提出了更高的要求。教师在课前要梳理教学重、难点，分析如何更有效地导入、呈现、讲解重、难点，并围绕重、难点辅以文字、音频或视频等相关资源；在教学实施过程中，教师要注意搜集学生的学习数据并实时观察学生的学习状态和反应，了解他们的困难和需求并及时解决；课后练习和作业的反馈，能帮助教师更清楚地了解教学效果，并反观已有的教学设计，根据需要及时加以修正和改进。如果教学设计能够充分利用线上、线下教学的优势，将语言学习过程中的知识讲解、技能训练分别在课前和课中集中进行,无缝对接,就能达到较好的教学效果。

3. 学习评价方式的变化

学习评价对学生学习行为的影响主要表现为主观规范和主体态度。主观规范指个体在面对来自群体或环境的社会性压力时,会主动调节自身行为以适应这种压力。主体态度就是学生对各种教学活动和安排是否有益于学习的一种情感性认知和判断。合理的评价指向和客观的评价结果有利于帮助学生反思学习行为,调整学习态度,以更好地投入学习。传统的学习评价侧重于结果评价,对测试分数过度解读。虽然有的教师将出勤、课堂表现、平时小测验等纳入学习评价,但这些只是对显性指标的评价,并不能反映学生学习过程中实际投入的情感、态度及使用的策略等,其本质仍然停留在结果评价上。混合式教学的实践中,网上学习过程有可能被更加真实、客观地记录下来,主要包括以下内容:学生浏览学习资源的时间、观看学习视频的时长、提交作业的时间、修改答案的次数、参与讨论的频次、讨论内容的有效性、发言质量的高低等,教师很容易在课程管理的端口获取这些数据作为对学习过程进行评价的依据。教师在此基础上,通过对数据的进一步挖掘,结合学习分析学、内容分析学等学科和技术的发展,可以衍生出"增量评价""成长评价"等作为特质的发展性评价,从而更好地激发学生学习的内驱力。在具体的教学实践中,教师不再拘泥于以一个统一的标准来评价学生的学习结果,而是以学生的基础为起点,围绕学生的学习成长展开评价,从知识技能、方法策略、情感态度等方面,对面授和网络学习的学习进度、任务完成的质量、课堂的参与程度以及课后作业、学习效果等方面进行综合评价。

互联网的广泛应用,为传统的大学英语教学改革提供了新的契机,混合式教学有赖于互联网技术的进步和发展,但最终影响教学效果的重要因素仍然是教学理念。

6.1.2 教师角色的变化

1. 概念

"角色"(role)原是戏剧界的术语,用来描述演员所扮演的戏剧中的人物。21 世纪,美国社会学芝加哥学派开始使用这一概念,以研究社会结构。文化人类学家林顿(R. Linton)将"地位"和"角色"进行了解释:个人在社会体系中所占有的特定位置即为个人的"地位",个人在体系中所享受的权利和必须履行的义务(又称为角色规范)的总体被称为"角色"。当个体根据自身在社会中所处的地位而实现自己的权利和义务时,他就扮演着相应的角色。顾名思义,"教师角色"就是教师在教学过程中,与教育对象、时间、空间、教育环境以及教育内容等因素形成各种不同程度的关系中的权利和义务,换句话说,就是教师在教学系统中应尽哪些职能、责任、权利和义务等。"教师"一词有两重含义,既指一种社会角色,又指这一角色的承担者。教师是教学系统中不可或缺的要素之一,在教学中起着主导的作用。教师扮演好自己在教学中的角色,是教学正常地、有效地进行的前提,即使是在信息技术发展的时代,也是如此。冯永刚在其《现代教育技术条件下教师角色的再定位》中也指出,在新教育技术面前,教师的作用不是减弱了,而是增强了。不同的社会环境下,教师的角色会有所变化,教师要在不同的环境下明确自己角色的新变化。(邵秀英,2015)

2. 大学英语教师的角色

大学英语教师的角色是什么呢?教师,不仅要教书,还要教授学生为人处事的道理与主动学习的可贵品质。大学英语教师不仅要在课堂上给学生教授英语知识,最主要的是根据学生的特点和时代发展的要求,促进学生主动学习,培养其自主学习的能力。

传统的大学英语课堂以教师、知识为中心,教师在整个教学实施过程中发挥着主动作用,教学内容、教学方法及所有和教学相关的事务都是教师决定,因此,教师是教学过程中教学事务的制定者;与此同时,传统的课堂上,教师注重书本知识的讲解,因此,教师是知识的传授者;在传统的英语教学中,几乎所有的教学活动,比如课堂提问、课堂讨论等都由教师设计,因此,教师又是教学活动的设计者;除此之外,在课前预习、课后作业的布置及作业的检查及评价过程中,教师又是作业环节的指导者。基于以上各种角色,教师和学生在课堂上的关系是"不平等关系",教师是这种关系中的主动者,而学生是被动者。

语言学家克拉申认为语言习得是一个内化的过程,环境对外语学习者有很重要的影响,外部自然环境能够给学习者潜在的作用,使他们自然吸收语言知识,而课堂环境能够促使学习者有意识地去学习。在两种环境的共同作用下,学习者才能够更好地掌握语言知识。因此为学生创造良好的情景语境就显得非常重要。这就对大学英语教师提出了更高的要求:要在教学过程中为学生营造轻松愉悦的学习氛围,充分利用所有条件为他们创造学习语言的各种环境,以切实提高他们的学习积极性。由此可见,大学英语教学中,教师的角色定位不合理会直接影响学生学习的效果以及教学目标的实现。

“互联网+”环境影响下的大学英语混合式教学中,传统的教学模式发生了巨大的变化,大学英语教师的职责并没有削弱,反而面临着更艰巨的挑战,因为这一全新的模式对大学英语教师提出了更高的要求。大学英语教师必须学会运用先进的教学手段和教学模式,改变传统的教学理念和模式,这样才适应当前教育的需求。(黄燕鹍,2018)

3. 教师角色转变的必要性

在理论框架研究的基础上,方宗祥、简丽英等研究人员对教师角色转变的必要性进行了深入研究,结合学者们的论述,可以得出以下结论:

(1)教师角色的转变是时代发展的产物

当今社会已经进入了以网络技术和多媒体技术为基础的信息时代,在这一大背景下,大学英语教学不再局限于传统的课堂教学,而是“线下+线上”的混合式教学。这要求教师转变教学理念,在教学过程中充分利用信息技术,对网络资源和教材内容进行优化整合,设计符合学生个性发展需求的教学活动,开展满足学生个性发展需求的教学活动,引导学生完成学习任务并适时给予学生合理评价。

(2)教师角色的转变是学校实现产学融、培养应用型人才的需要

随着信息技术的发展,社会对人才提出的英语要求也发生了变化,更加重视学生的英语综合运用能力,尤其是听说能力。这就要求教师适时转变教学方法,改变以往满堂灌的授课方式,让学生充分参与课堂活动,提高语言的实际运用能力,学校要培养“专业+外语”的复合型人才。这首先要求教师成为双师型人才,在具备过硬的英语知识的同时,结合所教学生的专业,努力成为既能教授通识英语又能教授专业英语的双师型人才。

(3)教师角色的转变是教师提升自身素养、实现自我发展的要求

信息时代,高校教师需要与时俱进,更新教学观念,不断进步。在工作之余,教师应积极参加各种培训活动,学习新的教学理念和教学方法;深入研究信息技术在大学英语教学领域的应用并在教学过程中不断改进教学方法;结合所教学生的专业深入学习专业知识,将ESAP(专业学术英语)和EOP(职业英语)引入课堂教学,努力提高学生的专业素养和英语综合运用能力。

4. 教师角色转变的理论依据

从认知层面解决信息时代教师角色转换的问题,关键在于教师是否能够正

确认识自己在新的教学模式中的地位和作用,并在相关理论的指导下完成角色的转变。建构主义学习理论最早是由瑞士心理学家皮亚杰提出的。建构主义学习理论将知识看作一种新的理解和假设,倡导学生独立思考、主动探索的学习理念,重视激发学生内在的积极性和主动性,培养学生自主学习的意识。在教学活动中,建构主义学习理论主张将教师的间接经验与学生的直接经验结合起来,通过合作学习、探究学习等方法强化学生的教学参与,将英语知识内化,形成并逐步完善自己的英语知识结构体系。在此过程中,教师不仅是知识的传授者,更是学生学习的引导者、帮助者,学生也不再被动地接受知识,而是教学活动的主体。

5. 混合式学习中教师的角色

混合式教学环境下,教师不仅扮演着传统的知识讲授者和作业批改者的角色,还承担着教学活动的设计者、组织者、引导者、评价者等多重角色。课前,教师是教学活动的设计者、指导者和监督者,需要精心策划教学内容和设计有导向性的测试题目,指导学生查阅文献,并督促学生按时完成在线学习。课中,教师是知识的讲授者,学习活动的组织者、倾听者、评价者和指导者,组织和引导学生进行有秩序、有思想的面对面讨论。在讨论的开始部分,教师作为参与者、辅助者可以适当地参与小组讨论,帮助学生分析问题,把偏离问题的讨论拉回来。学生一旦搞清楚了小组讨论的方法,教师就可转变为观察者,只负责时间把控和个别辅导答疑。讨论结束后,教师又化身为评价者、总结者,帮助学生回顾所学部分的重点,及时对小组展示进行点评或补充总结。课后,教师承担起学习活动的组织者、鼓励者和反馈者的角色,引导学生进行在线讨论,及时给予指导性回应,创造热烈的在线讨论氛围。同时,教师作为答疑者协助学生找到解决方案,作为鼓励者要经常给予学生实时反馈,对那些很少参与讨论的学生要及时进行询问和鼓励。所以混合式学习中,教师被赋予了多重角色,不仅包括传统教学中讲授者和批改者的角色,还增加了不少新角色,大致可以归纳为设计者、管理者、引导者和辅导者。

混合式学习中,教师的设计包括课堂和在线总的教学设计、学习和教学资源设计、学生评价设计以及线上学习活动设计。

(1)教学设计者

无论是传统的教学模式还是混合式学习、教学模式,教师必须要做的最重要的事就是教学设计。教学设计是教师进行教学的指导性文件和提纲性文件。

传统教学中的所谓"教案"就是教学设计。在混合式学习中,教师的教学设计不是传统的教案,既包括面对面课堂的教学设计和线上的教学设计,又包括小组讨论的设计等。

(2)资源设计者

在传统的课堂教学中,资源就是教材。但是在信息社会,信息获取的渠道越来越多样化,信息获取速度越来越快,信息化环境下的教学资源也越来越丰富,教材只是学生学习的参考资料之一。教学资源制作和整合,是混合式学习中一个很重要的因素。教学资源内容的丰富性和形式的多样性,关系到学生是否愿意进行线上学习,是否有较好的学习效果。本研究中的资源既包括网上整理的文字、图片、影像等资源,也包括教师自己设计和制作的教学课件和微视频等。其中微视频资源和教学课件是教师需要花大量的时间和精力来设计和制作的,尤其是高质量的微视频。

(3)学习活动设计者

为了让学生更好地明确自主学习的任务,教师需要为学生设计学习活动。教师在课前做好每次课的任务卡、作业卡、学习笔记、实验报告单等教学工具。学生通过看任务单,明确学习的主要内容和要完成的任务;通过看作业卡,详细了解各个知识点要以什么样的形式完成,小组讨论的主题是什么。学生在进行自主学习的过程中要留下痕迹,每学完一个知识点要做学习笔记,也可以对个人作业完成情况进行自评。对于实验性操作的课程,例如VB程序设计,教师还需要设计实验报告单等,方便学生明确实验目的、实验过程等。学生完成这些任务卡、作业卡、学习笔记的整个过程就是进行学习活动的过程,可以从某种程度上衡量学生的学习情况。因此这些学习任务卡等教学工具需要教师精心设计,即学习活动设计者,是教师的角色之一。

(4)评价设计者

传统的评价方式——"用成绩说话",已经不适用于混合式学习。混合式学习的评价侧重于对学生平时在课堂上的参与和互动过程、课下的自主学习情况、平时的作业作品等的评价,即过程评价。混合式学习目前没有统一的评价标准,如何评价学生的学习也是任课教师要考虑的问题之一。混合式学习的方法和形式多种多样,所以评价方式也要过程化和多样化。然而,混合式学习没有统一的、确定的形式,评价因此变得复杂。不同教师、不同学科的混合形式也不相同,所以评价方式要学科教师来设计和确定,这样才能更好地评价学生学习的真实情况。

（5）引导者

混合式学习中，教师的另一个角色是引导者，这里的引导包括学习上的引导、问题解决的引导、价值取向和情感上的引导、时间管理上的引导等。

①学习引导

混合式学习中，课堂已经不是由教师全程讲授，而是由教师引导学生汇报学习成果，对某一问题进行讨论，表述自己对某一问题的理解或观点，交流学习中的收获等。课堂上，教师更多的是对学习内容和问题讨论的点拨和引导。学习上的引导包括：对本节课学习内容的思考、思维方式、下次课的学习任务、平时的学习方式和学习习惯、线上自主学习、问题讨论等。所有这些为学生的学服务的都是教师引导的方向。

②问题解决引导

问题解决是混合式学习中一个主要的特点。学生在进行自主学习时，会遇到各种各样的问题，课堂教师解决只是其中一种方法，更重要的是，教师要引导学生自己尝试去解决遇到的问题，培养学生自己解决问题的能力，因为解决问题的过程就是学习的过程，所以教师在课堂上和线上都要扮演问题解决的引导者角色。

③价值取向和情感引导

教师是学生的榜样，是学生的引路人。教师的人格和品德的感染力很重要，教师平时的言行举止无形中会影响学生的价值取向。不管在传统的教学中还是新型的教学模式中，甚至是未来的教学中，这都是永远不变的。混合式学习中，教师和学生有更多的交流时间和交流渠道，教师要注意自己的行为规范，在平时的交流中引导学生的价值取向。教学中，知识的交流只是其中的一个层次，另一个层次是情感的交流。情感交流是教学中不可缺少的因素，是引导学生成长的重要方面。混合式学习的面对面课堂交流和网络媒体环境下的实时、非实时交互过程中，教师要引导学生进行思想和情感的交流，也要引导学生和教师之间的交流。建立好师生间的情感，一方面能了解学生最新的学习情况，另一方面能培养学生交流的意识，从而培养学生表达的意识和能力。

④时间管理引导

在混合式学习中，学生不仅要拿着课本在课堂上听课，更需要通过教学资源进行自主学习、小组讨论等。学生需要更多的学习时间，但部分学生不懂得如何合理安排自己的学习时间,从而导致不适应或产生抱怨情绪,此时需要教师进行时间管理的引导。

从以上分类不难看出,混合式学习中,教师的角色从知识的传授者转变为设计者、管理者、引导者和辅导者等。混合式学习中,教师角色经历了从单一到多样的转变:从单一角色转向多重角色,单一教学设计转向多维教学设计,单一结果评价转向多维过程评价,单向师生交互转向多向交互,单一管理转向多维管理。混合式学习中,教师角色具有一定的特殊性,能否扮演好每一个角色,关系到学生的学习兴趣和学习效果。正确定位教师的新角色,对实施混合式学习起着至关重要的作用。这对教师来说既是挑战,也是衡量指标。

6.1.3 混合式转向带来的新问题

混合式教学在全国各高校纷纷开展,作为一种新的教学方法和理念,它有如下优势:其一,丰富的教学资源,可以对教材内容进行拓展和延伸;其二,教与学的时间和空间相对灵活,便于学生开展个性化和碎片化学习,既提高时间利用率,又能给予学生充分的自由和自主,是培养学生自主学习能力的途径;其三,师生在课堂以外在网上进行实时交流沟通,也便于让更多学生参与讨论;其四,互联网强大的统计分析功能,可以让教师及时掌握学生的学习动态。但是仅仅依靠互联网技术更新教学手段和方法,并不能直接带来教学效果的提升和教学目标的达成。混合式教学让师生在享受技术给学习带来的便利的同时,也使他们面临新的问题,主要包括以下几个方面。

1. 不同课程的适用性问题

混合式学习并不适用于所有专业的所有课程,需根据专业特征、课程内容的不同以及学生个体的差异性区别对待。“高等数学”“线性代数”这种有大量计算推导过程的理工类课程,更适合采用传统的教学模式,由教师引导学生逐步推理。学生通过在线平台的视频观看公式的推导,不能很好地融入逻辑推理,难以掌握课程的重点与难点。对于“艺术欣赏”这样的文史类课程,采用混合式学习的方式更能拓展学生的信息量。

2. 对混合式教学的核心内涵理解问题

混合式教学从根本上改变了教与学的观念和思路,但是有些师生看到的只是教与学的手段、方法的改变。其一,部分教师简单地将其理解为教学形式上的混合,即将部分课时从面授课堂转向在线学习就是混合式教学。这些教师把部分教学资源放在网上或把原有的教学内容进行电子化转移，整体上缺乏对教学的重构；同时教师对自身的定位仍然集中在语言知识传授、语言训练的示范和纠错上，把控课堂的主动权和学习进程，未有效引导学生参与课堂，其本质还是对传统教学模式的延续。其二，混合式学习对学生的自律性要求较高。调查结果显示，学校学生在线学习的参与度不高，在线学习时间短、频率低；在虚拟的网络环境中学习，由于缺乏及时、严格的监督激励机制，学生自控力不足，致使学习行为涣散，学习效率低下。学生虽然乐于上网，但是对利用网络进行学习的心理准备并不充分，缺乏教师在面授课堂上的明确指令和指导，很多学生对在线学习感到迷茫；习惯于传统教学模式的学生，没有与教师进行主动交流的意识，体会不到语言学习的乐趣，仅仅把网络学习资源作为课本的替代品。由于缺乏网络素养，不少学生不懂如何运用网络获取必要的资源来解决遇到的问题，也不懂如何组织、理解、估价和分析获取的信息，因此，不少学生反映混合式学习过程中有很多不确定性，学习负担加大，学习效果不如传统课堂教学。

3. 对互联网信息的过度依赖问题

丰富的互联网信息为教学提供多模态的学习资源，使学习体验变得更加多样、有趣。但是资源也不是越丰富越好，过量的信息反而会成为学习负担。根据目前的认知结构理论，人类的认知结构由工作记忆和长时记忆组成。其中，工作记忆就是短时记忆，其容量有限，每次只能储存 5 至 9 条基本信息或信息块；长时记忆的容量是无限的，它构成了一个人内在的认知系统。学习的过程就是将有限的短时记忆信息进行深度认知加工，使之成为长时记忆的一部分。澳大利亚认知心理学家约翰·斯威勒（John Swellcr）1988 年提出的认知负荷理论中明确指出，如果工作记忆的信息组块超过数量限制，记忆容量就会超载。学习者在学习过程中如果面临大量的信息，会出现许多无法预测的额外认知活动，注意力被分散，难以集中对某些信息进行深度、细致地加工，导致认知负荷加重。网上英语学习资源众多、良莠不齐，教师如果不能事先加以客观评判和科学甄选，如内容是否与主题紧密关联，难度是否与学生水平相配，数量是否恰当。对资源的组合、排列形式等不进行加工设计，则会增加学生面对资源选择的盲目性。

4. 教学评价体系

混合式教学中，部分学习过程由学生独立在网络上完成，学生脱离了教师的直接监控，需要有更强的自我约束能力和有效的自主学习能力，这对习惯了传统教学模式的学生而言是巨大的挑战。如何评价学生网上学习的态度、策略、方法和效果，如何根据动态的评价效果及时调整教学内容和辅导重点，这些是教学面临的问题。传统的课程评价体系是对学习结果进行检测，标准单一、固化，且有滞后性，无法适应混合式教学的要求。因此要制定一套有效的课程监督和评价体系，以促进混合式教学目标的达成。

6.2 挑战

互联网技术打破了时空的界限，建立了一种开放性的教学环境，这就使得传统的密集的课堂教学转向分散化、个别化、社会化的教学，教学活动的范围在向外不断扩展。如何有效地利用网络多媒体手段，打造高效的“互联网＋”模式，是当前大学英语教学面临的迫切问题，也是互联网技术背景下混合式学习新模式对英语教学的挑战。

作为现代教育信息技术与课程教学相融合的产物，混合式学习弥补了纯粹的传统教学和在线学习的不足，为学生提供了更为丰富的学习资源，同时也让课堂教学更加高效。混合式学习为传统教学带来了新的机遇，也为教师带来了新的挑战。混合式学习下，教师的重要性不但没有被削弱，反而成为决定混合式学习成败的关键要素。为了更好地实施混合式学习，教师不仅要加强课前自主学习的监管，积极转变课堂角色，还要及时更新教学理念，强化信息化素养，努力构建多元、有效的评估体系。

6.2.1 教师面临的挑战

1. 角色定位

混合式学习利用互联网技术为学生提供了海量的学习资源，打破了传统教学中时间和空间的限制，学生可以按照自己的学习进度及需求选择合适的学习资源随时随地学习，遇到难题可以通过互动平台向老师及同学请教，这种学习方式将大大提高学生的学习兴趣，满足学生的个性化需求，提升学习效果。然而，新型的学习模式也必将给教师带来新的挑战。例如，可能会出现教师角色定位不清的问题。从教师的听课记录和教学反思可以看出，有的教师对混合式教学过程中的角色问题模糊不清。根据混合式教学的设计理念，教师在课堂讨论中主要扮演三种角色——讲授者、引导者、评价者。作为讲授者，应该讲什么，如何讲？小组讨论结束后，学生希望教师能给出反馈和指导，并把内容串讲一遍,这说明教师的讲授角色并没有被削弱,反而对教师的教学能力和课堂掌控能力提出了更高的要求。教师需要更全面深入地备课,钻研教材,紧跟学科前沿,给学生进行针对性讲解。作为引导者,如何帮助学生快速进入讨论,如何控制讨论时间?在讨论中,如何平衡组内成员发言,如何保证讨论不偏离主题?这需要发挥教师课堂管理者和学习方法指导者的角色,示范小组讨论的方法,"创造一个自然的批判性的学习环境"。作为评价者,如何关注学生的差异性?对于能力较强的学生,如何给出指导性建议,为学生提供更多的探究机会?对于能力较差的学生,如何给出个性化辅导,增强学生的自信心?这需要教师采用弹性评价方式,既要对学生付出的努力予以肯定,增加学生的成就感和进步感,又要有针对性地进行补充总结,帮助学生构建完整的知识框架体系。这一系列的问题都需要通过不断的学习和研讨来解决,教师要找出合适的策略来应对新型学习模式带来的挑战。(邢丽丽,2019)

2. 教师职能转变

适时转换角色,提高教学水平,建立混合式教学团队,教师对于教学改革与创新的认识程度和执行能力是大学教学改革与创新取得成功的关键。教育部副部长林蕙青同志在2018年在线开放课程建设与应用推进会上指出,要"把线上线下教育深度融合变成一种真正的教学理念、教学方法、教学技术、教学方式、教学模式的变革"。首先,教师应该加强混合式教学和讨论式教学的专业培训,积极探索两者的相互融合,熟练掌握混合式教学的各个环节,提高教学效率,运用讨论式教学激发学生的学习兴趣,培养学生独立思考和探索创新等方面的能力。其次,重新诠释教师角色,坚持以学生为中心,以学生需求及提高学习动力为教学设计的指导原则,"加强对学生进行线上线下学习的指导,帮助学生掌握在线学习的技术和方法,为终身学习打下基础"。最后,建设混合式教学团队,促进教师个体的专业化分工。实施混合式教学不仅要把科技置于传统课堂之上,更需要对教学模式进行深度设计,聚焦学生需求,整合课程资源,探索教学方法,维护教学平台,分析学习行为大数据,提供个性化指导等。这不是一个人单打独斗就能完成的,需要组建"能力协调互补的教学共同体,促进教师的专业分工,合力打造精品课程"。

此外,混合式教学对教师的素质也是挑战。互联网技术是一把双刃剑,既有利,也有弊。一方面它对教师来说提高了教学的效率;另一方面它对大学英语教师的素质提出了更高的要求。在"互联网+"模式下,教师要更新教学观

念,提高互联网操作能力,研讨互联网教学方式和方法等,以提高自身的教学水平。(黄燕鹍,2018)

6.2.2 教学设计面临的挑战

传统大学英语教学的教学设计是建立在课堂、课本基础上的统一教学。进入"互联网+"时代后,学习资源更加丰富,课堂教学必须从单一的知识讲解向特定情境下的语言运用转变,教师必须引导学生结合网络资源、社会现实,通过独立思考、小组讨论等对所学内容有一个更加深入的理解,帮助学生利用英语解决实际问题。这就意味着,教师在做教学设计时,必须考虑学生的个体差异,设计出不同的辅导方案,这样才能使每位学生都能学有所得。

混合式学习要取得非常好的效果,课程内容设计是关键,教师需要融合线上学习和线下课堂教学的优势,从学习者的角度进行课程设计,提供可视化、游戏化学习,挑选、整合线上优质学习资源,为学生顺利开展混合式学习提供足够的学习资源保障。(周德慧,2020)

混合式学习过程包含多个环节,其中根据混合式学习的环境确定开发或选择学习内容这个环节尤为重要。这个阶段的任务主要是对教学媒体的选择确定和对活动的设计,通过特定的平台安排课内和课外学习任务,学生课前或课后自主完成学习任务,教师只是监督和帮助,这是混合式教学设计的关键阶段。

基于互联网的混合式学习不仅是教学手段的变革,还是教学设计的转变。在学习内容上,教师必须注重将教学安排和学生的实际需求相结合,将教材涉及的知识点与网络相关学习资源相结合,通过使用真实语料和创建真实情境的方式来激发学生的学习兴趣。

6.2.3 教学评估面临的挑战

在开展混合式教学实践的同时,如何进行合理的混合式教学评估也是至关重要的问题。由于教学形式上的差异,混合式教学的评估应该以更灵活、实用的评估手段为主,以线上评估与线下评估相结合的形式来评估,评估形式要在实践中不断发展完善。

混合式教学的评估可以嵌入线上课程中,可以在线下课堂教学中进行,也可以以考试的形式进行。为了突破以往"教室+考试"的评估模式,评估的内容也不局限于书本知识,既要考虑学生在线自主学习的部分,如学习时长、学习次数、线上讨论的参与度、线上作业和测试，又要考虑课堂上的参与度，如发言、出勤及各类课堂任务的完成情况。混合式教学的评估方式应该是过程性评估和终结性评估相结合，定性评价与定量评价相结合，合理给出各项成绩的权重，从而形成动态、多元、全面和科学的课程考核机制。（汤勃，2018）

以往的教学评价方式主要是作业和考试，评价结果的准确性往往受到教师经验和学生发挥水平的影响。大数据时代，教学评价不能以一次考试“定胜负”，而应该走向多元化。教师应该通过大量数据的归纳，掌握教学活动和学生学习的实际状况，分析教与学的得失，从而调整自己的教学，最终提高教与学的质量。

教师的正确评价对学生发展有着促进、激励的作用。单一的教学形式呈现出单一的评价方式，多注重对结果的评价，而忽略过程中对学生的评价，存在片面、不真实、不公正、不科学的缺点，学生养成了只注重学习结果，而忽略学习过程的习惯，非常不利于学生创新能力的发展。对学生创新能力的评价表现在对学生智力、认知风格和人格的全面评价，这就要求教师有针对性地选择合适的评价方式来进行评价。例如，对学生认知风格和人格发展的评价可使用观察法、访问法、档案袋法，对学生的成长轨迹进行记录并及时进行矫正，评价方法的合理利用有助于激发学生的创新能力。混合式学习形式是培养学生创新能力的最佳选择。创新能力的培养并非一朝一夕，要日积月累，教师要肯定学生的创新精神，用心培养，让他们发光发亮，为人民服务。（何彦彬，2017）

混合式教学中，评价以多维化形式贯穿其中，除了指向最终成绩结果的终结性评价外，还有一系列指向学习者参与度、完成度、主动性、合作能力、信息收集能力、资料处理能力等的形成性评价。对课前自主学习和课后线上互动的评价基于学生在互联网平台学习的表现，通过师生评价、生生互评的方式，考查学生对知识技能的掌握情况，全面系统地评价学习者的学习能力，以促进学习者的发展，同时也有利于教师及时调整教学内容和策略。对线下课堂面授的评价主要基于学习者在课堂上与教师以及同伴的互动。学生本人参与评价的过程，对自己的学习状态、学习效果进行纵向比较与反思，分析自己的优势与不足，从而调整学习策略，积极探索适合自己的方法，达到最佳学习效果。（曾一轩，2019）

借助平台和软件这类工具同样可以帮助教师解决混合式教学中的评价问题。以云班课为例，该软件是基于移动客户端的教学使用助手，使用便捷，后台支持强大且能实时分析学习数据。云班课提供八种测试方法,可以解决形成性评价和结果性评价手段不足的问题,分别是头脑风暴、实时投票、实时交流、实时练习、思维导图、定期测试、讨论答疑和小组作业。

6.2.4 学生主体变化带来的挑战

当下,我国的大学英语教育面临两个重要的问题:一是高中优秀学生的英语水平已经接近甚至超过了大学在校生;二是学生追求个性化学习体验的需求越发明显。互联网技术的普遍运用为这些问题的解决提供了条件。利用互联网和大数据技术,教师依据掌握的数据提前分析了解学生的个性、学习习惯,然后选择最适合学生的方式来教学和引导学生,从而有针对性地指导学生,让他们学有所成。这将是互联网技术背景下大数据给教师了解学生带来的一大便利。

学生对线上线下多重角色的转换不适应。根据课堂观察与课后访谈交流,大部分学生反映通过线下课堂的讨论式学习能够提高自主学习能力,别人的想法可以激发自己更加深入地思考,对讨论得出的结论理解比较深刻,与同学一起学习可以激发学习兴趣,合作精神得到彰显等。但是在线学习也存在不少问题,例如,课前预习如果采用讨论式学习在线进行的话,效率低下,占用时间太多,还有很多交流不够及时和不够准确有效的问题;在线自主学习部分,有学生认为知识点比较零散,知识框架不完整,有时会忽略细碎的知识点;课堂讨论中,由于学生人数较多,每位成员无法均等参与,有的学生占主导,有的学生会偷懒;小组在讲台展示时,班里其他同学并没有认真听,只有老师在反馈;课后线上讨论时间不集中,回复内容太敷衍;等等。这与学生长期在传统教学模式下的单一被动学习经历不无关联。混合式教学是以学生为中心的教学模式,学生不仅是知识的接受者,也是知识的发现者和交流者。混合式学习设计和实施让学习过程更具有交互性、自主性、互动性,让学习过程更加具有趣味性、挑战性,学习方法也更加具有多元性、自适应性。(邢丽丽,2019)

学生的独立学习能力受到了挑战。互联网技术使学生的学习不受时间、地点的限制,在网络自主学习模式下,学生个性化学习成为可能。然而,它同时也要求学生必须要有很强的自控性和主动性,能够根据教学要求,认真完成教学任务而不是偏离学习要求,沉迷于网络上的其他不相干内容,如网络游戏。这一方面需要学生自己自觉端正学习态度,明确学习目标,另一方面也需要教师的指导和监控,教师要以一系列具体的评价标准来约束和督促学生按时完成自主学习部分并合理分配和利用好学习时间。

6.3　应对策略

互联网时代带来的新的教学模式对大学英语教学产生巨大冲击,要求大学英语教师尽快适应信息化教学的需要。《〈大学英语教学指南〉要点解读》(王守仁,2016)中提到,《大学英语教学指南》对大学英语教师提出了“三个主动适应”的要求,即主动适应高等教育发展新形势,主动适应大学英语课程体系的新要求,主动适应信息化环境下大学英语教学发展的需要。在教学手段日趋信息化的今天,应将教师职业素养和教学能力的数字化表现形式作为评价教师教学水平的重要依据之一。李霄翔教授建议:广大教师要与时俱进,更新观念,学习新技术,尽快尝试教学模式的创新。各高校也应该尽快建立教学实践共同体,由专家和教师一起探索混合式教学模式,定期举办教师培训及教育技术工作坊,提高教师的信息技术能力及教学能力。教师们在教学中应积极进行行动研究及校本研究,摸索出满足学生学习需求的混合式教学模式,以提升教学效果,最终提高我国大学英语教学的总体水平。(李霄翔,2016)

6.3.1　大学英语教师职业发展应对策略

互联网教育技术的发展给大学英语教师职业发展带来了机遇。抓住这些机遇,大学英语教学水平将明显提高,大学英语教师职业发展速度将明显加快。

1. 大学英语教师需要转变思维方式

目前我国对外语类在线课程的利用主要是以翻转课堂的教学模式展开的。利用在线课程进行翻转课堂教学时,大学英语教师首先面临的问题是传统观念所带来的羁绊:传统教学观念里,教师认为自己就是知识的权威,因此教学过程中以自己为中心。互联网教学的大环境下,教师应以学生为中心,从教学活动的主导者转变成帮助学生学习、协调学生学习活动、引导学生学习的角色,摒弃以教师为中心的思维方式,建立以学生为中心的思维方式。这要求教师不断地学习新的信息技术,这样才能为新的教学思维和方式提供保障。

2. 大学英语教师需要提高教育技术水平和信息素养

Mishra 和 Koehler 认为 TPACK 是进行优质教学的基础,是教师创造性地将技术、教学法和学科内容三种关键知识整合起来,而超越三者的新型知识形态。

TPACK(整合技术的学科教学知识)是 technological pedagogical and content knowledge 的缩写。根据此理论,大数据时代,大学英语教师除了具备专业的英语知识和教学法知识,还得具备一定的信息与教育技术能力,否则会影响职业发展。因此,互联网背景下,大学英语教师除了具备专业英语素养、外语习得理论及教学法知识,还得具备能利用、会利用、善于利用网络在线课程和微视频教学的能力。教师只有将专业知识与信息技术有机结合起来,或者说将教育信息技术与课程教学整合起来,才能顺应信息化时代的发展趋势,才能做到利用信息技术实现以学生为中心的教学需要。当前,线上线下混合式学习已经成为未来高等教育发展的必然趋势。因此提高大学英语教师的教育技术和信息素养,使教师能自如地将信息技术作为学习和工作的工具,才能更好地利用现有资源和技术服务于教学。

3. 大学英语教师需要提升教育技术与外语课程的整合能力

根据相关调研,目前不管是英语母语国家还是我国,在各种平台上开设的英语语言文化类在线开放课程,其内容、语言难度各方面都无法完全让传统英语教学环境下成长起来的大学生接受。只有将教育技术与此类在线开放课程进行整合,使其本土化、本校化,才能调动学生的学习兴趣。外语课程与信息技术整合是指在大学英语教学过程中把信息技术、信息资源和课程内容完美地结合起来,并执行课程教学任务的一种新型、高效的外语教学方式。只有具有较强整合能力的大学英语教师才能将教学环境、学习者需求、课程内容、教学目标、教学评价方法、教师素养、硬件与软件资源以及教学支持系统等因素全面地结合起来,使目前各种平台上开设的英语语言类在线开放课程本校化,最终达到调动学生学习英语的兴趣、提高学生英语运用能力的目的。因此,互联网时代高等教育的新方向迫切要求大学英语教师提高教育技术与外语课程的整合能力。

6.3.2 突破混合式教学局限性的对策

要实现线上自主学习和线下课堂教学的真正融合,就要发挥互联网技术和线上教学的多维性、集成性和动态性以及线下课堂教学中面对面沟通的优势,让两者互为拓展和补充,再以明确清晰的教学目标为导向,通过前后关联的系统设计的教学活动将教学内容连贯有序地串联起来,从而实现教学效果的最优化。

一方面,增强学生的主体性,正确调适和定位师生在混合式教学中的角色及职责。学习过程的发生要以学习者为中心,教师要鼓励学生积极参与混合式教学的课程设计、环节安排、效果评价,让他们真实表达自己的意见和需求,来提升教与学的融合度,增强学习者的积极性,使他们感受到学习的实际价值和自己的主体地位,教学过程也因此更有针对性和成效性。另一方面,提高教师的信息素养。教师信息素养的提升需要教育主管部门、学校、个人的共同协作参与。首先,教育主管部门可以整合各个部门的力量和优势,共享培训资源,倡导多校协同培养,共建优秀教育联盟,以促进信息技术和教育教学深度融合为目标,制定教师信息技术能力的标准,加大对教师信息素养提升的投入。其次,学校应加强教师的入职培训及在职培训,聘请相关专家进行讲座教学,定期开展教师间的教学观摩、线上线下研讨、汇报总结,并持续跟踪、指导。最后,就教师自身而言,要与时俱进地更新自己的教育技术观,建立终身学习的理念,提高自身信息素养和课堂教学能力,在真实教学中积累信息技术操作经验,在反思中提升自己,以积极的心态应对网络环境下混合式教学所带来的机遇与挑战。(曾一轩,2019)

6.3.3 BYOD(自带设备)改进方案

在混合式学习中,学校、教师、学生三个方面需要相互配合。其中学校需要意识到混合式教学的优势,并制定相关规章制度和实施计划。教师需要适应此种新方式、新技术的应用,制定规范的教学组织程序,将线上线下的资源和教学整合到教学过程中,并指导学生正确地使用移动设备进行学习。学生需要根据学习的需要,主动、合理地利用移动设备来获取资源进行学习。(赵慧臣,2015)

学校层面:支持混合式教学的开展转变模式,接受混合式教学应用。学生携带手机进入课堂一开始是被禁止的,在证明 BYOD 能带来高质量的教学效果后,学校允许、鼓励学生携带手机进入课堂学习。然而,要实现这一转变,学校就必须意识到混合式学习中 BYOD 所具有的优势。为促进 BYOD 的教学应用,学校首先要有态度、心理和行动上的准备,并以混合式学习理念为指导,提高 BYOD 教学应用的有效性,提出改善 BYOD 教学应用的建议。①技术支持,保障混合式教学的顺利开展。为了充分利用互联网的资源,学校需要加强和完善校园网络建设。大量的自带设备接入校园网,将大大增加校园服务器的负担,学校必须增加硬件设备的投入。只有保证每位学生的自带设备都能快速有效地连接到网络,BYOD 的优势才能得到充分发挥。②形成制度,规范混合式教学。移动自带设备多种多样,而且使用和管理的主体是学生而不是学校,如学生毫无章法地使用,学校将面临各种各样的问题,必须要制定相关的规章制度。③应用开发,丰富教学资源。引入或者开发适合混合式教学的 App 和应用平台。随着移动自带设备的不断更新换代,学校需要建立适合不同自带设备的平台,以满足学生的个性化需求。在混合式学习理念下,教学活动的开展建立在统一安装学习 App 和学习平台的基础之上,很多教学资源和教学任务的下达要借助平台的功能。

教师层面:优化 BYOD 教学应用的活动,转变角色,引导 BYOD 教学应用,管理课堂,指导学生提升学习效果。学生在利用平台或 App 时会遇到多种突发状况,如何有效处理这些状况是对教师课堂管理能力的考验。BYOD 教学应用为教师的教和学生的学带来便利,进而提升教学效果。要保证学生在课堂上有效地利用自带设备获取信息,帮助其学习,教师就需要制定智能设备课堂使用规定,并根据设备在教学过程中的实际使用效果进行修改。教师要及时评价与反馈,改进混合式学习的效果。在引导学生有效利用设备学习的同时,教师要制订评价方案,客观地对教学效果进行评价和记录。针对混合式学习方式与传统教学方式的差异,教师要时刻保持和学生、同事、学校之间的沟通与交流,并及时做出调整。

由于教师的时间和精力有限,建议学校举办短期的混合式学习培训会,对教师进行混合式学习技术方面的培训,不断提高教师混合式学习技术操作水平,更新混合式学习技术。由于混合式学习平台不断优化和完善,每个阶段出现的问题不一样,建议学校制作相应的问题解决方案手册,便于教师及时使用最新版本的手册,及时解决混合式学习中出现的各种问题,帮助教师提高技术平台操作的效率。

6.3.4 学校的应对策略

学校要改革教师评价机制,鼓励教师开展多种形式的教学。教育部部长陈宝生在 2018 年的本科教育工作会议上指出,“高校必须围绕学生刻苦读书来办教育……提升学生学业挑战度……激发其学习动力和专业志趣……引导学生求真学问,练真本领”。混合式教学正是激发学生学习兴趣、培养刻苦学习精神、发展创新能力的有效方式。学校要关注学生的学习需求、学习特点及学习能力，调整课程目标，修订培养方案，改革考试制度，配备专业指导教师，坚持“以本为本”，积极探索适合本校的混合式教学模式。进一步完善教学管理与考核制度，将教师从繁重的低层次重复性教学中解放出来，把精力集中到教学改革创新和对学生的个性指导帮助上。改革教师评价机制，把创新教学作为教学评价的重要指标，让教师获得“成就感、认可度、工作价值等方面的激励”。要抓住转变教学方式这个关键，建设在线精品课程，鼓励教师编写高质量的立体教材，建设智慧教室，“为师生开展多种形式的教学提供条件支持”。

为了更好地实施混合式学习，我们可以尝试以下方式：

①组建课程教师团队。混合式学习对教师的综合能力要求较高，教学设计及教学实施复杂程度增大，工作任务量也较为繁重。通过教师团队的组建，教师团队成员可以团结协作，优势互补，更具专业性和综合性。

②赋予学生职责。学生作为学习的主体，可以承担部分学习管理任务，这样既能够减轻教师的部分负担，又能够培养学生的自我管理能力。

③强化教师培训。在教育教学理念、教育教学改革发展、信息技术、教育技术等方面强化培训，使教师能够适应教学改革，提高教学能力。

第七章　混合式学习的未来

随着科技的飞速发展，以信息技术为支持的新兴教学模式应运而生，其中最具有颠覆性的混合式学习模式逐渐成为教育界研究的新热点。混合式学习以现代教育信息技术为支撑，将课堂面对面学习与在线学习有机地结合在一起，并最大化地发挥各自优势。研究表明，这种新型的学习模式能为学习者提供更有效的学习环境，营造更具吸引力和激励性的课堂氛围，提高学生的学习效率，促进知识的内化，实现了从被动学习到主动学习的转变，真正体现了"以学生为中心"的教学理念。

经过近 20 年的发展，混合式学习在我国已经渐趋成熟。作为与现代科技紧密相连的新兴事物，其在一定程度上代表了未来教育的发展方向，对这个新模式的探索和研究也将持续和深入。2020 年初，一场突如其来的疫情一下子将网课推到了教学的实际运用一线，各类学校纷纷借助各类平台开展了线上教学。然而，从各方面搜集的反馈信息来看，单纯依赖线上教学对于大多数习惯传统课堂授课的师生来说存在一定的挑战，需要一定的适应期来调整和消化。结合前面章节的内容，结合现实中出现的各类新情况、新变化，本章将尝试分析混合式学习研究即将呈现的趋势和未来的发展方向。

7.1　混合式学习研究的演进

学者陈镜尹(2020)通过分析得出了高频关键词及其之间的联系紧密程度，为了进一步可视化地勾勒国内混合式学习研究领域的演进趋势，他采取突显关键词的方式对其进行研究。突显关键词表示在一段时期内该研究主题受到了高度关注，是当时正在兴起、并具有很大的发展潜力和价值的研究方向，通过探索突显关键词的演变路径可以在一定程度上揭示某个研究领域某一主题的发展趋势，并挖掘潜在的、有价值的研究方向。根据对混合式学习文献进行关键词共现网络分析，可以得到混合式学习研究领域的突显关键词。2009—2010 年突显的关键词为"moodle"，说明该阶段对混合式学习的研究处于线上教学部分的平台开发阶段；2010—2013 年开始聚焦"学习活动""教学行为"和"教学设计”等视角，主要关注的是混合式学习在教育领域有关教育的策略和方法，以及影响教育效果的相关因素；而在2014—2019年，混合式学习研究领域开始呈现出个性鲜明的局面。随着MOOC和微课平台的诞生，为了提升学习效果，平台设计者们开始研究个性化学习。

值得注意的是，2017—2019年突显的关键词是“spoc”。SPOC(small private online course)即小规模限制性在线课程，此概念是由加州大学伯克分校的阿曼德·福克斯教授最早提出和使用的。small和private是相对于MOOC中的massive和open而言的，small是指学生规模一般在几十人到几百人，private是指对学生设置限制性准入条件，达到要求的申请者才能被纳入SPOC课程。SPOC平台相对于MOOC来说具有出勤率高、学生同构和学习进度一致的优点，它可能是未来混合式学习研究领域发展的方向。

通过对2009—2019年混合式学习研究领域的文献计量分析可以得出以下结论：从各年度文献数量统计分析可以看出，混合式学习研究领域在2009—2010年处于上升状态，在2011—2014年处于平稳状态，2015—2019年则上升到一个新的平台；而对高频关键词的分析和关键词共现分析表明，近11年来，混合式学习研究领域的研究热点集中在教学方案、策略的设计以及对提供教育服务的平台的研究和开发。此外，通过观察关键词共现网络分析中的突显关键词可以看出，在2009—2019年这个时间范围内的混合式学习研究的演进趋势为：从对教育教学方法、成果和影响因素的研究逐渐转移到适应不同学生的个性、适应不同教学范围的不同平台设计和应用方面。(陈镜尹，2020)

7.1.1 线上线下互动的增强

混合式学习的主要形式就是线上与线下的结合。线上资源的充分利用和线下课堂的精准设计和实施才是保证混合式学习效果的关键。为了达到这一最根本目标，可以尝试以下几种方式：

进一步增强人际互动，即学生与老师的互动。一是充分发挥教师的引导作用，促进线上学习交流与互动。教师可以充分利用管理者身份，通过分析学习者的视频浏览情况、在线作业质量等情况，及时发布难度适中的任务，吸引学生积极参与讨论与交流；通过分析学习者的交流对话、评论及点赞等信息，营造线上学习的良好氛围，引导学生创建多个学习群组及研讨主题，鼓励互相协作交流，完成各自的研讨任务。二是重视线下的师生互动，为促进深度的互动扫清障碍。线下互动是线上学习的有效延续与补充,课堂交流如面对面的情感交流、合作学习及分组讨论可以拉近学生彼此间的心理距离,弥补线上互动的不足,为线上师生互动和生生互动打好更好的在线学习伙伴关系。

适当建立奖励机制,激发学习者在线互动的外在动机。学生的学习积极性对于提高教学质量和学习效率至关重要。给予适当奖励,是对学生学习的一种认可,可以让学习者获得成功体验,激发他们积极参与人机互动和人际互动的愿望。可以借鉴一些论坛或在线学习系统的奖励机制,利用积分、奖章和打卡等方式来激励学生观看视频、做练习以及讨论交流。

人际互动和奖励机制的建立可以促进学习者与教师、学习者之间的良性互动,有效提升混合式学习的实际效果。

7.1.2 评价体系逐步完善

评价体系是保障混合式学习质量的关键途径。如何确保体系的完整、科学、公平、公正是目前教师和学者们共同关注的内容。今后的混合式学习评价体系的探索中,研究者们或许可以从以下几个方面入手:

1. 优化评价内容

现有评价指标体系中的评价内容还不够科学和公正,需要不断更新和优化。如将学生在线观看学习视频的时间、登录线上课程的次数等作为指标,学生作弊的可能性很大。部分学生为获得高分,打开视频一直播放,但并没有真正地观看学习——就是学生中常见的“刷课”。如何从评价内容来区分和检验出真正在学习的同学并给予肯定,筛选出敷衍应付和作弊的同学并给予惩罚将是未来教学实践中值得不断探讨的问题。

2. 提升评分的可操作性

不少学者构建了系统的评价指标体系,这些指标体系不仅包含了线上和线下教学或学习的整个过程,还给每个指标都设置好了权重或分值,但是由于指标体系过于复杂,教师们在实践中往往发现它的可操作性不高。现实原因在于很多教师承担多个班级的课程,教学任务繁重,且很多指标如线上讨论的表现需要老师凭经验对不同学生的表现一个一个地进行量化打分。教师在有限的时间和精力范围内要将复杂指标体系中所有的指标都计算清楚、准确是非常困难的。因此,在未来的研究和实践中,要考虑在兼顾全面性的前提下精简指标体系,提高其在实践中的可操作性。另外,教师可以借助现有的学习平台提前设置好评价标准，让学生在平台上完成对应的任务，由平台记录学生的相关数据并做初步的整理和筛选。教师可以通过不同的组合和下载来实现学习数据的分析和判断，节省了大量的时间和精力。由于使用平台记录学生的学习数据更方便、客观，教师随时可以调取和分析，因此教师可以借助形成性评价来帮助学生养成良好的学习习惯，达到预期的学习效果。

3. 增加评价方法的研究

在评价方法的研究方面，目前大多数学者先建立评价指标体系，然后使用层次分析法(AHP)对教学评价指标赋值并进行量化计算，也有少量学者尝试使用数据包络分析法(DEA)、模糊综合评判法和 BP 神经网络模型对评价指标进行计算，普遍问题是样本数据相对偏少，实践检验不足。很少有学者对上述评价计算模型的适用性和可行性进行详细的比较和分析。总体来说，现有的教学评价量化计算模型的研究比较少，而且不成熟；有些方法过于复杂，对于普通一线教师而言操作性不强，难以广泛应用于教学实践。因此在未来的研究中，学者们需要进一步加强对评价方法的研究，同时也要增加对评价方法适用性和可行性的检验。

引入合理的多样化在线评价机制，激发学习者在线互动的内在动机。在线学习应引入多样化的评价机制，将在线评价落实到在线学习活动的各个环节，既重视学习结果又注重学习过程，让学习者在经常性的评价活动中受到激励，激发他们在线互动的内在动机，让学习成为学习者自发的行为，从而将混合式学习的优势和效率发挥到最大化。

7.1.3　学习效果日渐提升

混合式学习效果的改善需从教与学两个层面考虑学习过程涉及的因素。基于建构主义学习理论的教学观和学习观为混合式学习的教学策略和学习策略提供了有益的启示。

1. 教学策略

混合式学习本质上是“互联网 + ”背景下的教学。“互联网 + ”的深度融合使教学变得更加生态化、自主化和个性化，能更高效地促进教与学。从教师层面来看，依据混合式学习模式的特点，教学策略与学习资源、学习活动、学习监控、学习评价等要素相关。

(1)学习资源的多元性

教师应为学生整理和提供混合式学习资源。建构主义学习理论强调利用多渠道的信息资源来支持“学”。为了辅助学生主动探索和意义建构,教师应借助“一站式”的学习平台,提供优质的在线短课程或微课、课件、文本、知识点的网络链接,补充阅读资料等学习资源,全方位地满足学生的学习需求,让学生摆脱单一教材的束缚,在多模态学习资源中获取所需知识。

(2)学习活动的多样性

教师应为学生设计混合式学习活动。建构主义学习理论强调学习的最终目的是完成意义建构,学生是意义的主动建构者。学习活动要有利于完成和深化对所学知识的意义建构。互联网背景下的学习活动更易吸引学生的注意力。学生从“云端”获取学习内容和资源,不受时间、地点的约束,按照自己的节奏选择学习内容和参与学习活动。在学习平台上,学生可以独立完成视频学习活动或开展小组讨论与合作;发表观点、提出问题、展开辩论;手动录入信息,上传PPT、文本、图片、语音、视频材料等多模态信息。多元化、互动式的学习活动能有效防止学生因学习活动单调重复而日渐降低学习兴趣。在学习情境中,知识不是简单地由教师传递给学生,学生是在教师的引导下有序地开展协作探索,在交流、质疑的过程中重新组织、加工知识,让零碎的知识逐步系统化,从而完成意义的建构、认知的提升。

(3)学习过程的监控性

教师理应为学习过程设置监控手段。尽管学习资源丰富,学习活动多样,但个别学生存在惰性,自主学习能力不强,教学效果很难保证。因此,学习监控成为混合式学习过程的重要环节和混合式学习效果的重要保证。以使用云班课为例,混合式学习模式中,有三种监控手段,它们的作用是:①学习共同体活动机制能提高小组成员的交互水平。建构主义视域下的学习强调学习共同体的契约和相互作用。在学习交流活动中,学习小组组长是意见领袖,协调小组成员的责任分工,所有成员应为小组的集体利益和荣誉而努力。②学习经验值能帮助师生直观动态地监控学习情况,既能纵向对比某位学生在一段时间内的学习情况,又能横向对比某位学生在班级的排名情况。③学习平台教学助手每周定时通报学生的学习情况。“某同学因在班课活动中的发言收获到很多点赞,应该是见解独到的孩子,值得好好栽培哦”“某同学在答疑讨论活动中常热心解答其他同学的问题,积极主动还乐于助人”“某同学出勤率低,建议您在考勤时多加留意”“某同学查看资源较少，他是否在精力上比较难顾及呢？也许可以私聊他了解一下原因”……依据学习经验值排行榜及学习平台发布的学习通报，教师能够及时与存在学习问题的学生交流学习情况，督促其端正学习态度或改进学习方法和形式，努力达到预期的学习效果。

(4)学习评价的形成性

教师应采用形成性评价与终结性评价相结合的评价模式对学生的学习过程和效果进行综合评判。形成性评价是基于对学习过程的持续观察、记录、反思而做出的发展性评价。根据学习评价主体，在混合式学习过程中，教师可采取教师评价、自我评价、同伴互评和平台自动评价多种形式，以便多层次地引导学生依据评价结果和反馈主动调整和建构知识。

2.学习策略

为了保证效果，混合式学习要求学生采取相应的学习策略，包括学习行为、学习方式、学习动机、学习反思等方面。

(1)学习行为的自主性

海量的学习资源要求学生养成自主学习的习惯。建构主义学习理论认为，有效的学习指的是学生并不是简单被动地接收信息，而是主动地建构知识的意义。学习是学生根据自己的经验背景，对外部信息进行主动选择、加工和处理，最终理解知识。在互联网时代，学习资源丰富多样。教师提供网址链接或者音、视频资源，学生就可以在知识的海洋遨游。但海量学习资源的存在只是为获取知识提供了可能，学生若想达到混合式学习的效果就必须具备高效的自主学习能力。教师要引导学生开展自主学习，帮助学生养成良好的学习习惯，合理规划时间，使学生逐步成长为自主学习者。在“云班课”学习平台上，学生可以根据自身情况确定学习目标，制订、调整学习计划，选择学习方式，管理学习行为，利用平台记录的各项数据来监控自己的学习过程，达到自觉运用并发展相关技能的最终目的。

(2)学习方式的协作性

混合式学习中多元化、互动式的学习活动要求学生善于开展协作学习。建构主义学习理论强调“协作学习”对意义建构的影响，学习者与周围环境的交互作用对理解学习内容起着关键性作用。学生在教师的组织和引导下成立学习共同体，批判性地考察各种理论、观点和假说，然后进行协商和辩论。在现有的学习平台上，讨论答疑、头脑风暴、小组任务等各类活动的开展为协作学习提供了载体。例如,教师在讲解"反义关系"一节中布置学习任务:汇报三种类型的反义词。为了实现学习共同体的目标,成员需协同完成对知识的意义建构,共享学习智慧和学习成果:有的查找资料,有的制作汇报材料,有的准备课堂汇报。这种协作活动有利于发展思维能力,提高沟通能力,增强包容能力。(王志宏,2020)

(3)学习动机的内驱性

利用学习平台进行的混合式学习中不间断的学习监控手段也会促使学生强化学习动机。混合式学习过程中的平台监控不是目的,而是激发和保持学习动机的手段,这正是建构主义学习理论所倡导的原则。在学习平台发布的通报中,激励积极参与的学生持续付出努力,提醒部分学生正视问题的存在,尽快迎头赶上。学习平台的监控的及时提醒有助于促使学生把学习的外在动机转化为内在动机,形成强大的内驱力。

(4)学习反思的常态性

形成性评价体系有助于学生反思。建构主义学习理论认为,教学是逐步减少外部控制、增加学生自我控制学习的过程。在此过程中,学习反思能让学生强化自我意识,提高学习能力。在混合式学习过程的每一阶段都伴随形成性评价,目的在于考察学生的学习投入与学习效果。为了让学生获得最大的学习效果,教师要引导学生在课后进行反思:掌握了哪些内容,哪些有效的学习经验值得推广,有哪些不足之处,应采取哪些方法或策略改善学习效果。"最好的教育是自我教育——使学生获得自我意识与自我超越"。只有学生经常主动反思,才能找到薄弱点并采取相应的改进措施,有效建构意义,确保混合式学习的效果。

7.1.4 大学英语中的广泛应用

传统大学英语课堂教学存在种种局限和问题,混合式学习方式有助于提高大学英语教学质量和学生学习能动性。但是关键问题在于如何混合,怎样实现教师主导和学生主体的混合,传统教学和数字化学习的混合以及被动接受知识和主动学习的混合,如何充分实现混合式学习四要素。

1. 教师主导作用的实现

教师应该承担起引导、启发、监控等主导作用,充分发挥"课堂教学的组织者、指导者和学生建构意义的帮助者、促进者"等身份。从传统课堂到混合式学习方式的转变不应该只是形式上的转变,教师应该从内心深处进行彻底地转变。此外,教师自身素质的培养也很重要。大学英语教师应摒弃原有的狭隘的知识观,吸收多方面的文化知识。

另外,更为重要且符合现代网络时代需求的是,大学英语教师必须发展一些新的能力。首先,大学英语教师应该学会思考并设置出适合所教授学生水平的课程,做好教学设计。众所周知,大学英语课程的主要目的是提高学生的听、说、读、写等能力,而大学英语课程正是基于以上四项技能进行设计的。如何更好地运用网络技术,在教学过程中有机地结合传统教学模式和数字化教学模式? 结合我国大学生英语学习实际情况,我们可以根据学生的不同英语水平把他们分成不同的教学班,然后在传统的教学课堂上以听、说为主进行教学,在网络教学平台上发布相应水平的阅读文章让学生们(独立或以小组形式)自主阅读、练习写作和学习文化知识。教师每隔一段时间组织讨论课对自主学习部分进行总结和评价,以个人展示或者报告的形式检查学习情况。其次,大学英语教师应该以分析和反思的态度看待学生的实际学习成果。换句话说,教师应该充分了解自己所教学生的学习水平,设计教学环节和教学内容,分析学生们的学习成果,进而改进今后的教学方法。再次,教师之间进行有效的沟通,分享和讨论教学经验。最后,教师应监控教学和学习过程(包括课堂教学和数字化学习),进行客观地评价。

2. 学生主体身份的实现

首先,学生要转变学习方法和学习态度。虽然说教师的主导作用很重要,但是如果学生自身没有学习的自主意识,没有积极的学习态度,无论教师多么优秀,都是枉然。在课堂上,学生应该积极主动地加入教学中,使自己成为课堂中的一员。在课外,学生要加强讨论和学习,利用计算机网络所提供的资源,设法解决学习问题并完成学习任务。同时,学生需要担当起研究者的角色,而不是单一的学习者的角色,要带着问题和任务去调查和研究具体学习内容,进行有意义的知识构建。

3. 加强对网络信息技术的掌握和应用

很多研究表明,我国大学英语教师都有意愿并且都在努力尝试运用网络信息技术进行英语教学工作,而且几乎所有的学生都对网络表示出浓厚的兴趣,并且很愿意通过网络进行英语学习。然而,只有较少的教师和学生真正了解网络英语教学和学习的正确方法。首先,教师和学生都应该具备一定的网络信息技术相关知识。其次,教师应该了解和研究自己所教授的课程,搜集有用的英语学习网站和学习资料,根据课程实际需求,安排相应的网上学习,指导学生使用这些网站和学习资料。此外,在实践过程中,教师应让学生明白真正的数字化英语学习不仅限于使用网络资源,还需要学生充分利用书籍、刊物等其他媒体。学生们要在教师的指导下学会查找和利用学习资源,在网络提供的虚拟环境所营造的语言环境中,提高自己的语言交流能力、自主学习能力和探究式学习能力。师生、生生之间也需要学会通过平台进行在线互动学习及信息交流共享。

优化平台易用性,增进课程亲和力。易用性指设计的平台易操作和课程说明、讲授易于理解。研究发现,对易用性的感受与学生的接受度正相关。平台操作简单,平台的界面设计优良,为教学效果的提升起到促进作用。

4. 完善课程情境,强化教学互动性

学习情境与学生的接受度正相关。学习情境主要指线上和线下的学习情境,线上的学习情境包括帮助学生建立打卡监督机制,辅助学生免受网上其他信息干扰的功能设置等。线下的学习情境,指面对面授课环节的改革,包括课前的翻转课堂、课中的人际互动和讨论、课后的微课补充等环节。教师可以结合在线课程提供的签到、抢答、弹幕、练习等工具活跃课堂氛围,强化教学互动性,增强个性化学习交互。这种交互不仅指知识的互动,也指情感的互动,包括学生之间的分享协作、教师与学生的交流、学生与平台的互动。互动的前提是信任。教师对学生的喜爱、学生对教师的信赖、学生之间的亲密,都是互动开始的起点和基础。教师可以从师德师风、专业素养、个人修养和与学生的共情等角度来建立学生对自己的信任。学生之间的信任、教师对学生的信任,需要在课后活动中增进。互动的基础是渠道。打通各类平台、社交软件,搭建不同类型的课程讨论组或任务团队,优化学生之间交流学习的渠道。

5. 完善评估和评价体系

这个环节在实现混合式学习的过程中,是最难监控,也是最不容易实现的。首先,教师和学生可以建立档案袋,实现自我评估、同伴评估和外界评估。每隔一段时间,教师组织一次讨论会(小组式或班级式),对这段时间的学习情况和学习成果进行汇报和评估,及时给予反馈。其次,教师和学生也可以通过平台、软件、网上论坛或课程讨论区进行实时沟通,完成互评工作。这有助于教师和学生进行有效反思,有助于今后的教学和学习。学生的最终学习成绩应该根据评估和测试成绩进行综合评判。综上所述,混合式学习确实能在大学英语教学中起到关键作用,同时也能够推动大学英语教学改革。它提高了对教师的各项要求,也促进了学生的自主学习能力和探究式学习能力。目前我国学生人数众多,实现高质量的混合式学习面临较大的困难。高质量的混合式学习需要教师和学生投入大量的时间,对学习资料的搜集、学习准备阶段和评估阶段都有较高的要求,因此,有时无法充分调动学生自主学习的积极性,这正是大学英语教师需要继续努力研究并解决的问题。(樊静,2020)

在"互联网+"的背景下,引导师生通过在线课程和丰富的网络资源,结合课堂,开展混合式教学,有利于学生获取最新、最丰富的知识和技能,有利于学生了解知识和技能在未来职场中的应用,能够满足学生的个性化学习需求,交互行为更利于教师与学生的交流。

7.2　混合式学习的未来

混合式学习前景广阔:混合式学习满足了移动学习的现实需要;混合式学习将减少教育资源的浪费,提升教学效果;混合式学习将丰富信息化教学活动,促进信息技术与课程的深度融合。(赵慧臣,2015)

关于混合式学习的研究成果已经较为丰富,我们对混合式学习的概念、模式、应用效果、理论框架等有了一定的认识,但也有一些困惑。曾经甚至有人惊呼"狼来了",认为线上学习的开展将颠覆传统的课堂教学。但伴随着2020年初这场疫情而来的全民网课让师生们切实地感受到线上学习带来的便利,同时也认识到单一的线上学习无法忽视的一些弊端,或许线上与线下相融合的混合式学习才是真正平衡的发展之道。"互联网+"正赋予混合式学习新的内涵。在新的学习环境下,如何真正贯彻"以学生为中心"的教学理念,为学习者创造富有参与性、个性化的学习体验还需要更深入的探索,我们期待未来混合式学习将向着更好的方向发展。(朱文龙,2020)

7.2.1　混合式学习研究的发展方向

混合式学习正在改变世界每一个角落的教学形态,它通过对学习方式的混合和综合,将学习过程中的各种因素适当地搭配在一起,从而具备了超越其他单一学习方式的优势和特色。随着课堂教学改革和新技术、新媒体的发展,网络学习与课堂教学的融合必将进一步深入,混合式学习为二者的融合提供了理论基础、方法指导和实践路径。

1. 研究的理论性将不断加强。虽然近三年来 CSSCI 期刊上发表的论文数量在减少,但理论研究类文章的数量却一直稳定甚至略有增长,这反映出理论研究正越发受到重视。教育学家布鲁姆的认知金字塔理论指出,人类学习分成六个层次,从最低级的"记忆、理解"经过"应用、分析和评价"最终上升到最高级的"创造"层面。如果说经验总结式的实践性论文属于"记忆、理解和应用"层次,那么理论性的论文则属于"分析、评价"层次甚至"创造"层次。我们已经积累了相当多的较低思维层次的研究成果,现在真正需要的是金字塔顶端的部分,要发掘思想的价值,并将不同的组成部分整合成一个新的系统。如今跨学科、多视角的研究方法正越来越多地体现在混合式学习的研究中,这既是思维认知的一般规律,也是现实发展的必然要求。只有创新性强、学术质量高、理论意义突出的文章才能受到 CSSCI 期刊的欢迎,而如今即使是普通期刊对论文的要求也越来越高。

2. 突破理论层面,加强效果性的实证研究。我国混合式学习研究以模式构建和课程设计等理论研究成果居多,关于有效性的实证研究较少。混合式学习是整合在线学习和课堂学习,融合正式学习与非正式学习,实现线上线下无缝对接的学习方式,旨在通过对学习中各种因素的混合,提升学生学习效果。因此,效果性研究将是混合式学习研究的重点,尤其是量化的实证研究。近几年,越来越多的研究者关注教育教学的科学性研究,信息技术的发展也为获取各种教学数据提供了便利。教育大数据、数据挖掘、数据可视化推动了教学问题的数据化研究;教学行为数据和结果数据从量化角度验证了教学的效果性,提高了效果验证的信度和效度;不同学科领域的实证研究方法也为开展混合式学习的实证研究提供参考和借鉴。未来的混合式学习研究要突破思辨性的理论研究范式,在数据分析理论的指导下强化应用效果的实证研究。

3. 探索混合式学习与 MOOC 的结合。由于可以免费获得高质量的教育资源,2012 年以来,大型开放式网络课程(massive open online course)在教育领域得到广泛应用。国外一流高校的优质资源在 Coursera、edX、Udacity 三大平台上实现共享,对我国普通高校的教育带来了不小的冲击。国内包括北京大学、清华大学、上海交通大学等不少高校也陆续发布了自己的慕课平台,国内的各种学术会议也纷纷将 MOOC 作为讨论的议题。针对 MOOC 学习终端设备单一,以及大多数学生采用个人电脑学习为主的情况,Waard 和 Koutropoulos 提出了 MobilMOOC,即通过移动设备学习的 MOOC,致力于 MOOC 与移动学习的有效整合。

4. 立足课堂改革,探索网络学习和课堂教学的深度融合。我国课堂教学受应试教育的影响,多以知识点灌输为主。教师课堂上尽可能多地传授知识是目前课堂教学的常态。尤其在基础教育领域,学校信息化基础设施建设不完善,教师信息化能力和水平普遍较低,网络仅仅作为信息检索的工具,他们不认为网络学习可以作为课堂学习的补充。未来的混合式学习应坚持传统课堂学习与网络在线学习的结合,二者相互支撑、相互渗透、相互补充。做到两条线发展,首先要立足课堂教学改革,对目前的传统教学模式进行重构,将网络在线学习融入正式的课堂教学。线上和线下的结合要在课前、课中和课后学习的全过程中发挥作用,引领教学模式的变革和推动教学质量的提高。翻转课堂教学模式,即利用网络将知识点学习前移,而真正的课堂教学中以问题讨论和拓展能力为主,这是教学模式的更新。信息技术在重塑课堂方面有着传统手段无法比拟的优势。因此,信息技术支持下,对网络学习与课堂教学的分离和深度的融合研究,对教学过程的优化研究以及对学习效果和效率的提高,都是未来混合式学习研究的重点。

5. 加强混合式学习与移动学习的联系。移动学习指在移动互联网的环境下,利用移动自带设备开展学习的模式。移动学习具有便携性、交互性、个性化和数字化等优点。学生采用自带设备,应用与移动应用软件、移动终端相适应的学习平台,可以更加自由地进行移动学习。教师根据学生特征、教学目标、教学内容、教学活动等实际情况,选择和应用适当的学习平台以便学生顺利开展移动学习。

6. 结合研究热点,创新混合式学习内涵和实践路径教学。新模式、新技术、新平台和新资源等研究热点的出现,不断丰富着混合式学习内涵和实践路径。"互联网+"时代,随着信息技术不断革新,一些原有的只能思辨的教学问题和教学现象,都能通过技术手段加以可视化的数据呈现和分析。结合研究热点,可以逐渐拓宽我国混合式学习研究的领域和范围。从目前的研究热点来看,未来的混合式学习可进行学习资源研究。互联网提供了海量的学习资源、便捷的获取方式、高效的共享途径,把课堂教学与网络相连,大大拓展了教与学空间;未来的混合式学习可进行移动化学习研究。近几年,平板、手机、PAD 等移动智能终端越来越普及,服务人们的生活和学习,使得知识获取途径、时间和地点都不受限制。如何利用移动终端设备将课堂教学与网络学习相融合,将正式学习与非正式学习结合是我国混合式学习研究的重要方向。未来的混合式学习要进一步探索新技术在教育领域的应用,如虚拟现实、虚拟仿真的应用可化抽象为具体,使学生获得身临其境的学习体验,有效破解"看不见、进不去、动不了、难再现"的课堂教学难题。移动互联网、大数据等技术的应用,实现教学主体的全体参与、实时互动、即时反馈,教师可以动态跟踪每一名学生的学习状态,适应学生个性化学习需要。

7.倡导混合式学习与学习分析的结合。随着教育信息的深入发展,教育领域积累了有关学习者学习行为的大量数据。为了挖掘学习者学习过程中的问题和规律,提出改革教学方式、促进学习效率的策略,学习分析技术应运而生。学习分析技术是通过运用数据分析工具和模型,对学习者在学习过程中产生的数据进行统计分析,根据分析结果来评估学生的学习,发现学习问题和规律,提供反馈并进而促进学习的技术。采用学习分析技术,分析混合式教学中的变量,改善方法变量,从而提高结果变量。将学习分析技术和混合式学习结合起来,可以达到较好的效果。首先,学习分析收集数据的范围将无限扩大,数据将不仅仅局限于学习管理系统的数据。通过学习分析移动软件工具或平台,学习者利用互联网在任何地方、任何时间查询关于学习的资源,开展学习的数据都将被记录和分析。其次,学习者可以利用学习平台对自己的学习开展分析评价,根据评价结果调整学习策略,形成自我导向式的个性化的学习方式。再次,学习者可以建立个人学习档案,并可以随时更新档案内容。最后,学校和教师根据掌握的有关学习者学习的数据,利用自带设备和学习分析工具,可以更加便捷、科学、合理地评价学生的学习行为,在此基础上及时有效地调整设备的应用方式和学生的学习行为。

8.构建监管体系,确保混合式学习活动有效、有序地开展。按照预设的教学过程有序地开展混合式学习活动是获得学习有效性的保障。但目前针对学习活动有序开展的监督管理方法较少,混合式学习的监管机制和评价体系一直是其研究的短板。尤其是混合式学习的在线学习部分,更需要根据学情设计出相应的监管体系,以保证学生线上学习的参与性和积极性。混合式学习是在线学习和课堂教学的融合,因此,在学习结果评价上要充分表现出二者的权重分布。随着大数据技术和数据可视化在教学领域的应用,获取教学过程中的行为数据、过程数据、结果数据越来越便捷,它为混合式学习评价体系的构建提供了支撑。因此,探索混合式学习的监管方法和评价体系具有重要的现实意义,也是未来我国混合式学习在教学实践中的发展趋势。(张怀南,2019)

9. 教师教育将成为研究重点。现有研究对混合式学习的实施与评价这两个维度已经有较为充分的研究,但对混合式学习的准备还关注得不够,如何帮助教师更好地适应混合式学习是急需解决的问题,此次疫情期间的线上教学一定程度上暴露出有的教师还没有充分适应这一新鲜事物。教师的态度和能力对混合式学习的顺利开展具有十分重要的影响,未来有必要加强这方面的理论和实践研究。更进一步说,现任教师不仅需要进行混合式学习的能力准备,更要从教师专业发展的角度来看待这一问题。开展混合式学习的能力可以说是未来教师专业能力框架中不可或缺的一部分,所以在教师职前教育的专业课程体系中也需要完善相关的课程,使教师在入职后可以顺利地开展混合式教学。而随着越来越多的具备混合式学习能力的教师进入中小学、职业教育的队伍,相关混合式学习研究将进一步发展。

7.2.2　大学英语课程的研究前景

混合式教学已经不是一个新事物了,但是高校英语课程混合式教学研究方兴未艾,越来越多的高校英语课程正在采用混合式教学模式。究其原因,一方面,混合式教学相较于纯粹的网络在线学习和传统课堂授课而言的确具有优势,另一方面,教育技术的不断发展、教学理念的不断更新成了高校英语课程混合式教学模式发展的“永动机”。展望未来,高校大学英语课程混合式教学研究将在以下方面得到进一步发展。

1. 信息技术与外语教学结合展望

时代的进步和技术的更新会赋予混合式学习更丰富的内涵和更多样的形式,会带来更高的学习效率和更好的学习效果。但无论发生哪种变化,混合式学习都不会偏离自己的本质,它追求的是1加1大于2的效果。它利用的四两拨千斤的巧妙。因此,希望国内的混合式学习能够获得更多学者的关注。(常伟,2019)

互联网与教育的融合才刚刚开始,随着互联网和信息技术的不断发展,外语教学将融入更多的技术因素,将与更多的学科交叉形成新的发展方向。未来的互联网多媒体外语教学或将重点朝以下方面发展:

(1)虚拟化

随着计算机图形学、人机交互技术、传感技术、人工智能的发展和大数据处理能力的提高,人机交互虚拟现实技术将逐步走向日常教学。虚拟现实可同时实现外语学习中的视觉、听觉、触觉等感官的环境模拟,摆脱现实物理环境因素的限制,其终极目标是尽可能地接近现实世界。当虚拟现实无限接近真实世界时,外语学习的方式也将无限接近母语的习得方式。因此,将来的外语教学中,虚拟现实技术辅助外语学习将成为常态,并成为打破现有教学模式的新兴技术力量。

(2)智慧化

互联网时代大数据分析能力快速提升,百度、腾讯、Face^{++}(旷视)、讯飞等应用算法平台纷纷涌现,不断推动“AI+”应用深度部署,智能化应用逐步以爆发式的规模涌现,并服务于外语教学的各个层面。如今的智能教室、智能翻译机、智能人机对话软件、智能写作批改软件等仅仅是语言学习智能化的开端,其智能化程度离成熟甚远。现代通信、信息技术、语音识别、计算机视觉的应用型芯片和智能控制技术的进一步成熟,将催生越来越多的智慧型产品,语言学习的习得进程将进一步加快,推动语言教学朝具有一定深度的方向发展。

(3)数据化

语言学习的过程是习得的过程、认知表征的过程和信息建构的过程。这种习得、心理认知、信息构建过程涉及语言学、心理学、行为学等众多学科,又具有抽象性和模糊性特征,导致在语言学习的过程中,经验假设普遍存在。在网络大数据时代,随着各类结构化、半结构化和非结构化教育大数据的激增,可量化的概念已经形成,并开始为学习者建立数据模型。数据将成为语言学习过程的最直接表达,数据化将使语言学习行为产生数据价值。过去无法量化的无形之物将变得可视,语言学习心理、认知、行为之间将因数据的存在而建立清晰的模型。在此基础上建立的行为、心理、语言数据库将成为大数据时代的宝贵资源。

因信息技术的发展与外语教育的融合而不断产生的教育变革已经成为这个时代外语教学的常态。从计算机信息技术初步与外语教学的结合到如今新兴外语微课、慕课、翻转课堂、混合式教学模式的兴起,贯穿着外语教育工作者通过信息技术手段推动外语教学改革的不懈追求。新技术、新理念层出不穷,作为外语教育工作者只有紧跟时代发展步伐,不断更新陈旧的理念,重视信息技术在外语教学中的巨大价值,才能探索外语教学与信息技术的深度融合,将外语教学改革推向深入。

2. 探索融合最新教育技术的教学模式

教育技术的进步可以为教学改革提供基础和条件。从目前看，基于手机的移动教育 App 正成为一个新的技术趋势，外研社开发的 Unipus、高教社开发的 iSmart 以及由其他单位开发的超星学习通、UMU 等教学互动移动平台如雨后春笋般应时而出，这些平台均有自己的特点。因此，高校英语课程教师可以综合考虑所授课程、授课对象、学校教学条件、教学理念等各方面因素，选择合适的移动教育平台，探索合适的混合式教学模式。此外，即便是原有的在线教学平台也有很多技术进步空间，如在教学管理、教学资源生成和共享、师生和生生互动等方面可以更便捷、更高效，让教学平台更适合混合式教学。

3. 探索混合式教学中的在线学习与面对面授课的融合优化问题

混合式教学研究的本质是对信息传播通道的研究，即开辟新的信息传播通道。因此，什么时候、什么样的教学任务采用面对面授课形式更合适，什么时候、什么样的教学任务采用在线教学效率更高，在线学习和面对面授课所占比例该为多少，不同课程、不同教学对象、不同教学环境等因素对教学方式的选择有什么影响，这些暂时甚至很长时间内无法形成定论，在高校英语课程混合式教学研究中需要进一步深入探索。

4. 探索教学新理念下的混合式教学模式

时代在发展，新的时代必然对人才培养有新的要求，外语教学理念也会随之更新。新的教学理念需要用在具体的教学模式设计和应用实践中。混合式教学本身也是教学理念更新的产物，具有开放性特征，可以与很多教学理念相融合。因此，探索新教学理念下的高校英语课程混合式教学模式将是今后的一个重要发展方向。

5. 探索如何迎合新模式对教师提出的更高的要求

新模式下，教师须转变角色，从信息的传递者转变为学生学习的指导者。教师必须从系统的角度考虑如何组织学生学习的整个过程和安排有关细节，包括建设相关资源，引导学生学习，组织学生讨论课程内容，运用网络激发学生的学习兴趣，为学生解答疑难问题，批改学生作业，给学生的学习结果评分。这就要求教师不仅要有较高的专业水平，还应具有较强的课件制作能力、良好的协调能力和管理能力。混合式学习模式激励教师不断审视自己的角色和任务，促进教师利用信息技术提高教学能力，改进教学效果，是符合学科教学发展规律的有效模式,值得在英语课堂中大力推广。

6. 探索更好的鉴别和筛选资源的方法

海量的网络数据对混合式学习提出了挑战:如何筛选合适的线上学习材料?如何把线上资源和传统的教材进行整合?混合模式到底采用哪种程度的混合?如何监控和引导在线学习过程?如何避免自主学习演变为自由学习?如何客观评价在线小组学习?针对不同年龄、不同层次的学习者都有大量的、可利用的线上学习资源,如何筛选最精炼、有效的资源成了广大教师亟待解决的问题。教师既要确保内容翔实全面,又要考虑线上学习时长的问题,无形中增加了教师的备课量。如何协调线上资源和传统教材的比例,也是教师需要重点考虑的问题。不同的主题、深度、听课者等都是影响混合程度的重要因素。在线学习过程的灵活性促使教师高效利用有限的精力并借助大数据分析跟踪学生的学习情况。(李飞武,2019)

当下大部分高校大学英语课程教师、学生、教学环境等教学基本要素都在2020年这场特殊的疫情下逐步完善,师生们也逐渐适应了混合式教学模式。长期来看,教师理念的转变、学生自主学习能力和合作学习能力的提高都不是短时间可以实现的。未来一段时间内,这些仍是有待学者和教育工作者们继续探究的课题。

7.2.3 混合式课程的建设

混合式课程质量的保障离不开配套的课程建设和学生学习支持。混合式的学生学习支持应为课程质量提升和课程资源的建设提供持续运行的文化氛围支持、有效的师生互动平台以及信息化资源建设技术指导。

1. 教学创新驱动,教师教学发展助推质量文化

教学创新是课程改革的核心驱动,而教师教学发展是教学创新的内在原动力。学校教师教学发展机构应结合课程改革理念,制定体系化的培训项目,为教师提供教学理念、教学方法和教学技术等相关支持,助推教师教学模式改变与创新。同时,高校教师发展与质量保障工作密切相关,是提高人才培养质量的基础。高校在机制上应将教师教学发展工作与教学质量管理与保障工作进行协同,提升教师对教学质量保障工作的认同感,实现理念定位和措施方法的高度融合,促进教师群体中质量文化的形成。

2. 打造混合式教学平台,实现师生有效互动

师生之间的有效交流互动是激发学生学习兴趣的重要途径之一,对于提升混合式课程教学效果有着积极影响。高校应具备配套的线上资源平台、翻转课堂信息服务平台等混合式教学相关的信息化管理平台,要能为学生线下学习提供丰富的课程资源,实现混合式课程教学有效互动,要能够记录学生线下自主学习情况、作业完成情况、考核评价情况等。有效的师生互动平台可以提高教师课程改革的效率,发挥信息化系统在教学相关数据的采集、反馈和评价中的优势,加强学生学习过程管理,有效监控学生阶段学习效果以及目标达成情况,便于教师及时进行反馈与改进。

3. 信息化专业技术指导,助力教师打造优质线上资源

教师在开发线上资源时常存在技术方面的"后顾之忧",高校在推进混合式课程改革时,应提供专业的微视频拍摄、制作、培训支持,例如:上镜服饰、妆容、仪态等注意事项,课程组内部分工建议,分镜头脚本、微课 PPT、讲稿的编制,各类微视频制作案例讲解、分析,DEMO 制作指导及录制等,以便能够按照推进计划统一进行规划安排,指导关键步骤和细节的把控,助力教师打造优质的线上资源。

通过混合式课程改革,可以进一步完善、优化课程设计,加强教学要求和学习评价,同时可以极大地丰富课程资源,完善教学微视频、教学案例、导学、自主学习任务手册等引导学生个性化、自主化、深层次学习的学习资源。教师和学生是混合式课程教学改革最主要的参与者和受益者,高校混合式课程质量保障体系要以保障和支持学生学习效果的提升和教师教学能力的提高为出发点,结合学校人才培养定位,通过系统化的改革设计、科学的标准引领、有效的质量评价与监控机制、配套的资源支持、创新驱动的质量文化构建,达到学生学习、教师发展和学校管理所构成的课程教学生态和谐统一,才能充分达到通过改革创新提高人才培养质量的预期效果。(梁婷婷,2020)

7.3　混合式学习的再思考

混合式学习是未来教育的主要形式,它的重点不在于把哪些东西混合,而在于混合后达到什么目标和效果。因此,怎样混合,用什么形式混合,设置什么环节连接混合,用什么策略保证混合的实效,是需要我们思考的问题。以面授课程为主的学校,更需要把课外移动学习与课堂教学融为一体,互相支撑,互为

补充。由于学生个人的学习基础、学习风格和策略差别较大,因此课后移动学习的效果也相差巨大。教师们需要充分考量群体的整体基础,同时也要努力满足不同个体的个性化学习需求,通过仔细的教学任务的设计将正式与非正式环境的学习有效衔接,逐步引导学生把课外、课内学习无缝连接起来。为了混合式学习的开发与管理能取得更多成果,教学研究者们可以尝试从以下几个方面进行思考:

1. 对学习平台进行科学合理的设计

学习平台内容和任务的设计需要充分考虑学生的实际学习需求,让学生能够从学习平台系统中真正学到有用的知识信息,完成自主学习的过程。科学有效的学习平台包含大量的教育教学内容,将各种教育教学方式、学习方式与管理方法进行融合,使学生自由进行课下学习、组队交流、自主检测,自主选择有效的知识信息,实现学生之间、师生之间的紧密沟通与交流;实现教师的"教"与学生的"学"相互融合;实现虚拟训练和实际实践的融合。

2. 整合提升教育教学资源质量

混合式学习的重点在于课下学习和课堂学习两个方面的相互结合和贯通,混合式学习在教学设计中需要以学习目标作为主要依据,整合全部相关的教育教学资源,选择合理的学习内容与方式。课堂教学中,教师通过适宜的方式进行教学,指引学生在知识梯度中循序渐进;课下学习时,学生依据教师设计的互联网教学资源巩固知识。因此,互联网教学资源的质量对学生的学习兴趣、知识了解与掌握程度有着重要的影响。教师需要结合学生的学习特点和知识掌握情况,筛选和整合更加符合学生需求的互联网教学资源,引导学生进行自主课后学习。

3. 系统化的教学一体化结构设计

在混合式学习过程中,设计科学合理的学习方案是至关重要的,是混合式学习的主要环节。"学"要求教师用适合学生的学习方式与手段进行指导,"习"是学生将接受的学习内容应用到实际实践之中。传统教学侧重于学生"学"理论知识,忽略了学生将知识应用到实践这一关节。在混合式学习过程中,科学合理的教学设计可以让学生及时对学到的知识在一定的场景中加以实践和运用,从而做到学以致用。

4. 培养学生的创新意识与创新能力

在"互联网+"背景下,培养学生的创新意识与创新能力越来越受到关注和重视。混合式学习方式一方面有利于教师指引学生在学习思路、学习方式和学习途径等方面进行创新，另一方面通过新颖的学习方式充分调动学生的学习兴趣，激发学生的探索精神，培养学生的发散思维，增强学生的创新意识和创新能力。多模态的学习形式和内容让学生耳目一新，更有利于激发学生的创新意识，勤动手，多尝试。

在“互联网+”背景下，混合式学习早已渗透到各个学习领域，在不断探索、持续发展中对教育教学发挥着重要的影响。混合式学习将课堂教学和课下教学进行有效平衡，本质上是一个相对复杂的教学与学习模式。如何使这种教学与学习模式获得最优效果还需要不断探索。

在“互联网+”背景下，信息技术的发展为教师提供了现代化的教学手段，为混合式教学模式的发展提供了契机。如何处理好传统教学手段与现代化教学手段的关系，是当下教育的关键。基于慕课、微课、私播课等的混合式教学是未来教育的发展方向，混合式教学的实质是传统教学与新技术的最佳平衡。

混合式教学模式为教学提供了新的手段，但也存在一些问题，如线上学习缺乏监督，讨论区互动不及时，互动质量难以检测，课前、课中、课后的衔接不够紧密，教学环节的设计不够细致，个别学生的交流需求不能完全得到满足。基于此，后续的研究将对此模式予以继续改进与完善，以期能为高校混合式教学的实施提供更实用的参考。

混合式学习在日益发展的同时也引发更多的思考：为什么新技术的出现让教师和学生应接不暇，而有效的技术应用却还在不断探索之中？如何更好地体现出混合式学习优势互补的内涵？如何利用学习分析技术、大数据等量化分析手段来深化混合式学习的应用，从而为实践提供更有力的支持？在混合式学习的研究中，教师和研究者们不必过分关注有多少人参与，成绩提高了多少，以及学生们的好评和接受度有多高等浅层数据统计，而应该尝试用实证研究来总结适合不同群体的混合式学习策略，更多地尝试把混合式学习长期化、常态化地应用于一定的情境下，逐步得出有说服力的研究成果。（孙众，2015）

参 考 文 献

1. ANDERSON T. The theory and practice of online learning[M]. 2nd ed. Edmonton:Athabasca University Press,2010.

2. BARKER P. On being an online tutor[J]. Innovations in Education and Teaching International,2002,39(1):3-13.

3. DILLENBOURG P. Collaborative learning: cognitive and computational approaches[M]. Amsterdam:Emerald Group Publishing Limited,1999.

4. FENG XIAOYING, XIE JINGJING, LIU YUE. Using the community of inquiry framework to scaffold online tutoring[J]. International Review of Research in Open and Distributed Learning,2017,18(2):162-188.

5. DENIS B, WATLAND P, PIROTTE S, et al. Roles and competencies of the e-tutor[A]//Networked learning 2004: a research based conference on networked learning and lifelong learning: proceedings of the fourth international conference[C]. Lancaster,2004:150-157.

6. GOLANICS J D, NUSSBAUM E M. Enhancing online collaborative argumentation through question elaboration and goal instructions[J]. Journal of Computer Assisted Learning,2008,24(3):167-180.

7. GULDBERG K, PILKINGTON R M. Tutor roles in facilitating reflection on practice through online discussion[J]. Educational Technology&Society,2007,10(1):61-72.

8. PRESSLEY, MICHAEL, ALBANY, et al. The challenges of instructional scaffolding: the challenges of instruction that supports student thinking[J]. Learning Disabilities Research and Practice,1996,11(3):138-146.

9. OSGUTHORPE, RUSSELL T, GRAHAM, et al. Blended learning environments: definitions and directions[J]. Quarterly review of distance education,2003,4(3):227.

10. SALMON G. E-moderating: the key to teaching and learning online[M].

2nd ed. London and NewYork:Routledge Falmer,2003.

11. NISHINO K, TOYA H, MIZUNO S, et al. The relationship between the learning styles of the students and their e-learning course adaptability [A]//VELASQUEZ J D, RIOS S A, HOWLETT R J, et al. Knowledge-based and intelligent information and engineering systems, 13th international conference [C]. Berlin/Heidelberg: Springer Berlin Heidelberg, 2009: 539 - 546.

12. RUAN JIANHAI, DENG XIAOZHAO. On improving the e-learning adaptability of the postgraduate freshmen [A]//LI SHAOZI, JIN QUN, JIANG XIAOHONG, et al. Frontier and future development of information technology in medicine and education (ITME2013) [C]. Berlin: Springer Netherlands, 2014: 2799 - 2805.

13. 迈克尔·霍恩,希瑟·斯特克. 混合式学习:用颠覆式创新推动教育革命[M]. 聂风华,徐铁英,译. 北京:机械工业出版社,2015.

14. 亚当·罗宾逊. 如何学习:用更短的时间达到更佳效果和更好成绩[M]. 北京:中国青年出版社,2017.

15. 莫妮卡·R. 马丁内斯,丹尼斯·麦格拉思. 深度学习:批判性思维与自主性探究式学习[M]. 唐奇,译. 北京:中国人民大学出版社,2019.

16. 课工场官方. NMC《地平线报告》2016(高等教育版)发布[EB/OL]. (2016 - 02 - 16)[2020 - 4 - 1]. http://www.sohu.com/a/59087772_315935.html.

17. 约翰·拉尔默. PBL 项目学习:黄金标准[M]. 北京:光明日报出版社,2019.

18. 约翰·哈蒂. 可见的学习:最大程度地促进学习[M]. 教师版. 金莺莲,洪超,裴新宁,译. 北京:教育科学出版社,2015.

19. 凯特·艾斯里,瑞格·德内克. 小组教学:个别指导、研讨会和其他[M]. 孔令帅,译. 北京:北京大学出版社,2018.

20. 何克抗. 信息技术与课程深层次整合理论:有效实现信息技术与学科教学深度融合[M]. 第2版. 北京:北京师范大学出版社,2019.

21. 埃丽诺·蕾妮·罗德里格斯,詹姆斯·贝兰卡. 课堂内外:打造全方位发展的学生[M]. 刘清山,译. 哈尔滨:黑龙江教育出版社,2016.

22. 张伟,胡玉洁. 基于需求分析理论的大学英语教学研究[M]. 北京:国家行政学院出版社,2018.

23. 赵慧臣. 移动学习的影响因素与优化研究[M]. 北京:科学出版社,

2016.

24. 于学勇. 高校网络化外语教学模式研究[M]. 北京:国防工业出版社,2013.

25. 何莲珍,林晓. 基于大学英语课堂学习共同体的中国大学生思辨能力培养研究[M]. 杭州:浙江大学出版社,2017.

26. 黄燕鹃. “互联网+”背景下大学英语教学体系的反思与重建[M]. 成都:电子科技大学出版社,2018.

27. 王鹤. 教育信息化背景下的大学英语自主学习探索[M]. 北京:经济管理出版社,2016.

28. 钟玉琴. 大学英语混合式教学探究[M]. 北京:电子工业出版社,2017.

29. 王海燕. 技术支持的教师教学反思[M]. 杭州:浙江大学出版社,2016.

30. 叶丙成. 为未来而教:叶丙成的 BTS 教育新思维[M]. 北京:高等教育出版社,2019.

31. 孟祥宇,全江涛. 在线学习的方法与实践[M]北京:电子工业出版社,2017.

32. 张艳红. 网络师生互动的心理学研究[M]. 北京:中国社会科学出版社,2018.

33. 马志强. 在线学习评价研究与发展[M]. 北京:中国社会科学出版社,2017.

34. 兰国帅. “互联网+”背景下信息化教学资源共建共享与服务[M]. 北京:科学出版社,2019.

35. 周洪宇,易凌云. 教联网时代:一场即将来临的教育变革[M]. 北京:科学出版社,2018.

36. 蔡基刚. 国家战略视角下的我国外语教育政策调整——大学英语教学:向右还是向左?[J]. 外语教学,2014,35(2):40-44.

37. 蔡基刚. 以项目驱动的学术英语混合式教学模式建构[J]. 解放军外国语学院学报,2019(3):39-47,160.

38. 蔡基刚. 高校公共外语教师知识结构升级:从 1.0 到 2.0[J]. 外语电化教学,2020(1):66-71,11.

39. 陈坚林. 关于中心的辨析:兼谈“基于计算机和课堂英语多媒体教学模式”中的“学生中心论”[J]. 外语电化教学,2005(5):3-8.

40. 陈坚林. 计算机网络与外语教学整合研究:基于大学英语教学改革的探讨[D]. 上海:上海外国语大学,2011.

41. 陈坚林. 大学英语教材的现状与改革:第五代教材研发构想[J]. 外语教学与研究(外国语文双月刊),2007(5):374 - 378.

42. 黄慧英. 教学供给侧改革下的混合式学习:"移动微学教"模式探析[J]. 教育信息技术,2018(3):46 - 50.

43. 崔卫,韩佳. 多元识读理论框架下的大学英语口语混合式教学设计[J]. 海外英语,2018(22):212 - 213.

44. 马志强,孔丽丽,曾宁. 国内外混合式学习研究热点及趋势分析:基于2005 ~ 2015 年 SSCI 和 CSSCI 期刊论文比较[J]. 现代远程教育,2016(4):49 - 57,102.

45. 何彦彬,赵宇,高飞,等. 混合式学习背景下中学生创新能力培养的教师角色研究[J]. 中国教育信息化,2017(2):68 - 71.

46. 徐小舒,孙以琳,蔡基刚. 我国高校专门用途英语教师技术教学内容知识能力框架研究[J]. 外语与外语教学,2020(1):51 - 60,147 - 148.

47. 何克抗. 从 Blending Learning 看教育技术理论的新发展:下[J]. 中国电化教育,2004(4):10 - 14.

48. 何克抗. 建构主义的教学模式、教学方法与教学设计[J]. 北京师范大学学报(社会科学版),1997(5):74 - 82.

49. 何克抗. 21 世纪以来的新兴信息技术对教育深化改革的重大影响[J]. 电化教育研究,2019,40(3):5 - 12.

50. 黄荣怀,马丁,郑兰琴,等. 基于混合式学习的课程设计理论[J]. 电化教育研究,2009(1):9 - 14.

51. 由元. 混合式学习理论对大学英语口语教学的启示[J]. 中外企业家,2018(22):157.

52. 张欢瑞,杨芳,张文霞. 基于 MOOC 的混合式教学设计与实践:以"基础英语听说"课程为例[J]. 现代教育技术,2018(12):62 - 67.

53. 汪新颖. 大学英语听说课程混合式教学模式的校本研究[J]. 知识经济,2019(22):151 - 152.

54. 王丹丹. 大数据时代商务英语阅读课程混合式教学模式探究[J]. 福建教育学院学报,2019,20(7):101 - 103.

55. 于欣宏. 混合式教学法在大学英语教学中的应用:以蓝墨云班课为例[J]. 黑龙江科学,2018(19):28－29.

56. 曹野. 基于雨课堂的大学英语混合式教学模式的构建与应用[J]. 中国医学教育技术,2019,33(3):320－322.

57. 王志军,特里·安德森,陈丽,等. 远程学习中教学交互研究的趋势与问题[J]. 中国远程教育,2018(4):69－78.

58. 刘凤,何芳. 大学英语混合式教学与评价模式探析[J]. 北京教育(高教版),2019(2):77－79.

59. 曾一轩,朱庆峰. 泛在网络时代英语混合式教学的局限及对策[J]. 教学与管理(理论版),2019(10):109－112.

60. 李逢庆,韩晓玲. 混合式教学质量评价体系的构建与实践[J]. 中国电化教育,2017(11):108－113.

61. 李逢庆. 混合式教学的理论基础与教学设计[J]. 现代教育技术,2016,26(9):18－24.

62. 王守仁. 坚持科学的大学英语教学改革观[J]. 外语界,2013(6):9－13,22.

63. 王守仁.《大学英语教学指南》要点解读[J]. 外语界,2016(3):2－10.

64. 李霄翔. 建构和完善新型大学英语教学管理体系:一个解读《大学英语教学指南》的视角[J]. 外语界,2016(3):27－33.

65. 叶荣荣,余胜泉,陈琳. 活动导向的多种教学模式的混合式教学研究[J]. 电化教育研究,2012(9):104－112.

66. 张爱苗. 互联网＋背景下混合式教学模式在大学英语教学中的应用策略[J]. 湖北开放职业学院学报,2019,32(15):165－166,169.

67. 周德慧. 混合式学习存在的问题及建议[J]. 现代交际,2020(6):24－25.

68. 樊静. 基于SPOC的高职混合式教学影响因素及提升策略研究[J]. 创新创业理论研究与实践,2020,3(3):57－58.

69. 黎加厚. 微课程教学法与翻转课堂的中国本土化行动[J]. 中国教育信息化,2014(14):7－9.

70. 刘艳,陈仕品,刘礼想. 混合学习的绩效评价框架及指标体系研究[J]. 远程教育杂志,2017,35(6):41－48.

102. 马武林,张晓鹏. 大学英语混合式学习模式研究与实践[J]. 外语电化教学,2011(3):50－57.

103. 杜世纯,傅泽田. 混合式学习接受度的影响因素研究[J]. 中国电化教育,2018(6):123－128.

104. 祝智庭,孟琦. 远程教育中的混合学习[J]. 中国远程教育,2003(19):30－34,79.

105. 韩颖. 学术英语听力多模态混合式学习模式设计[J]. 北京第二外国语学院学报,2017(5):98－110,127.

106. 陈丽竹. 论大学英语教学思辨能力培养模式构建[A]//十三五规划科研管理办公室. 十三五规划科研成果汇编[C]. 第5卷. 北京:十三五规划科研管理办公室,2018:4.

107. 范荣,王燕,延星,等. 学习者视角下混合学习中师生互动策略研究[J]. 职业技术教育,2018,39(32):43－46.

108. 韩锡斌,葛文双. 中国高校教师信息化教学能力调查研究[J]. 中国高教研究,2018(7):53－59.

109. 王芬. 混合式教学模式下的高校英语演讲课程设计与实践探讨[J]. 智库时代,2019(21):203,206.

110. 赵娟. 基于混合式教学模式的大学英语写作教学研究[J]. 江西电力职业技术学院学报,2019,32(2):50－51.

111. 邓丽芳,许金英. 基于微信公共服务平台的大学英语混合式教学探究[J]. 创新创业理论研究与实践,2020,3(18):133－134,137.

112. 霍应鹏. 混合式教学中微信公众平台的应用研究与思考[J]. 中国教育信息化,2020(12):80－83.

113. 吴玲娟. 基于TED-Ed的通用学术英语听说翻转课堂研究[J]. 电化教育研究,2015,36(11):81－87.

114. 张敏洁,杜化俊. 混合式教学实施现状及研究趋势分析[J]. 中国教育信息化,2020(1):82－85.

115. 杨培明. 混合式学习的挑战与应对[J]. 人民教育,2020(13):74－75.

116. 汤勃,孔建益,曾良才,等. “互联网＋”混合式教学研究[J]. 高教发展与评估,2018,34(3):90－99,117－118.

117. 廖春燕. 混合学习模式下的教师角色期待研究[J]. 湖北成人教育学院

学报,2009,15(3):6-7.

118. 陈镜尹,罗子江. 基于文献计量的混合式学习研究热点及其演进趋势[J]. 数字通信世界,2020(8):245-246.

119. 吴祥恩,陈晓慧. 混合学习视角下在线临场感教学模型研究[J]. 中国电化教育,2017(8):66-73.

120. 白文倩,李文昊,陈蓓蕾. 基于资源的混合式学习的教学设计研究[J]. 现代教育技术,2011,21(4):42-47.